Het adellijk geslacht
von Rollingen – de Raville

Bas Roeling

Het adellijk geslacht
von Rollingen – de Raville

Genealogisch & Heraldisch Bureau S. Roeling

De tekst in deze uitgave: © Jkr. Dr. Sebastiaan Eduard Markus Roeling 2022

ISBN 978-1-4709-7937-9

NUR 680, Geschiedenis algemeen

Eerste druk, december 2022

Genealogisch & Heraldisch Bureau S. Roeling
Bergschenhoek

Inhoud

1. Inleiding

Als genealoog, en als lid van het uit Saksen stammende geslacht Röhling – Roeling, ben ik altijd op zoek naar andere families met een soortgelijke geslachtsnaam. Zo heb ik mij verdiept in gelijknamige families uit Neuenkirchen, Osnabrück, Waldau en zelfs Klein-Betschkerek in Roemenië.

De meeste geslachten met een soortgelijke naam zijn afkomstig uit het Duitse spraakgebied. Bij mijn onderzoek naar een Lotharings geslacht Rohling dat later zou uitwijken naar Roemenië en het gelijknamige plaatsje Rohling/Rouhling in Lotharingen, kwam ik het geslacht von Rollingen op het spoor. Dit geslacht is afkomstig uit de Luxemburgse exclave Rollingen in Lotharingen. Opnieuw was het Duits de moedertaal van het hier beschreven geslacht. Echter werd de plaats en tevens het geslacht ook vertaald in het Frans (als de Raville), vele leden van dit geslacht zijn dan ook bekend onder hun Franse naamvariant.

Het geslacht kwam via huwelijken en erfenissen in bezit van enkele belangrijke heerlijkheden zoals Septfontaines en Ansembourg. Ook bezaten zij de titel van erfmaarschalk van het hertogdom Luxemburg en het graafschap Chiny. Leden van dit geslacht werden daardoor vernoemd naar hun belangrijkste bezit. Zo werden sommigen de Septfontaines, von Warsberg of d'Ansembourg genoemd om enkele generaties later weer opnieuw vermeld te worden met de geslachtsnaam von Rollingen.

Bij het doorlezen van de genealogie zal het opvallen dat het bezit van hun heerlijkheden bij de erfnis niet in het geheel overging op één nakomeling, maar dat het bezit werd gedeeld en elke erfgenaam zijn of haar deel van een heerlijkheid kreeg. Zo versnipperde het bezit van een heerlijkheid steeds verder totdat sommige nakomelingen slechts 1/27ste deel van een heerlijkheid in hun bezit hadden. Door slimme huwelijkspolitiek en erfenissen kwamen sommigen weer in bezit van een groter deel. Andere heerlijkheden kwamen hierdoor echter in bezit van andere geslachten zoals Von Pallandt.

De nodige mannelijke telgen maakten carrière binnen de katholieke kerk, met als absoluut hoogtepunt de benoeming van Heinrich Hartard von Rollingen tot Prins Bisschop van Speyer. Mogelijk werden zij hiertoe gemotiveerd door de familie om zo verdere versnippering van bezittingen tegen te gaan.

Hoge uitgaven, onder andere door de nodige belegeringen van de heerlijkheden in tijden van oorlog, resulteerde in torenhoge schulden die uiteindelijk afbetaald moesten worden door de verkoop van hun zo geliefde heerlijkheden.

In de 17de en begin 18de eeuw waren er steeds meer mannelijke familieleden die alleen dochters zouden krijgen of geheel zonder nageslacht zouden overlijden. Op 6 mei 1735 overleed de laatste mannelijke von Rollingen en kwam er een einde aan de heerschappij van de Rollingen in het hertogdom Luxemburg.

Jkr. Dr. S.E.M. Roeling

2. De familiewapens van het geslacht Rollingen

Het stamwapen van het geslacht von Rollingen werd reeds gevoerd vóór 1350. Naderhand zijn verschillende leden van het geslacht andere helmtekens gaan voeren om zich te onderscheiden van andere familieleden of hebben hun wapen vermeerderd met dat van een heerlijkheid wat zij in hun bezit kregen. Het wapen dat naderhand het meest gevoerd zou worden was het stamwapen vermeerderd met het wapen van hun zio geliefde heerlijkheid Septfontaines. De blazoenering van het stamwapen in het Nederlands is als volgt:

Schild: in rood drie zilveren geknotte kepers.
Helm: een gewende pothelm.
Helmteken: een pauwenhals van natuurlijke kleur.
Dekkleden: rood, gevoerd van zilver.

*Stamwapen van de
v. Rollingen.*

9

Het stamwapen was overigens nauwelijks voorzien van dekkleden. Latere varianten van het familiewapen hadden wel duidelijk een dekkleed. Wel verschilde het type helm afhankelijk van de periode waarin men een helm voerde. Zo komen er in de loop van dit boek wapens voor voorzien van steekhelmen en traliehelmen. Een opvallende variant van het familiewapen is wel het door Siebmacher vermelde wapen met als helmteken een pauwenhals rustend op een kussentje.

Het familiewapen von Rollingen vermeerderd met het wapen van Septfontaines.

3. Genealogie van het geslacht Rollingen

1.1 **Robert von Rollingen**, overleden in 1147 te Varize, Lotharingen. Gehuwd met N.N.

Robert is de huidige stamvader van het in dit boek beschreven geslacht Rollingen – Raville. Robert was heer van Rollingen, een Luxemburgse exclave in Lotharingen in het huidige Frankrijk. De plaats is ook wel bekend als Raville en het hier beschreven geslacht als de Raville. Het geslacht zou vele Luxemburgse bestuurders voortbrengen en Rollingen dient dan ook niet verward te worden met het huidige plaatsje Rollingen in Luxemburg.

Uit dit huwelijk:

1. **Anselm von Rollingen** (zie: 2.1);

2.1 **Anselm von Rollingen**, overleden ná 1165 te Raville, Lotharingen. Zoon van Robert von Rollingen (zie: 1.1). Gehuwd met **Elizabeth (Agnes, Adele) de Thicourt**. Dochter van **Arnoul de Thicourt** en **Frélende de Walcourt**.

Anselm was heer van Rollingen.

Uit dit huwelijk:

1. **Robert von Rollingen** (zie: 3.1);

3.1   **Robert von Rollingen**, overleden ná 1201.
Zoon van Anselm von Rollingen en Elizabeth de
Thicourt (zie: 2.1). Gehuwd met **N.N.**

Robert werd vermeld als Reichsritter, vir nobilis
en heer van Rollingen.

Uit dit huwelijk:

1. **Robert von Rollingen** (zie: 4.1);
2. **Isembart von Rollingen** (zie: 4.2).

4.1   **Robert (von Rollingen) von Homburg**, overleden ná 1213. Zoon van Robert von Rollingen
(zie: 3.1). Gehuwd met **Judith de Neuviller**,
overleden in circa 1209. Dochter van **Ulrich
(Olri) von Vaudemont**, heer van Neuviller,
Aigremont en Deuilly, en **Agnes d'Aigremont**,
erfgename van Aigremont.

Robert was heer van Rollingen en heer van
Homburg en via zijn huwelijk ook van Aigremont.

Uit dit huwelijk:

1. **Loretta von Rollingen** (zie: 5.1);
2. **Robert von Rollingen** (zie: 5.2);
3. **Ulrich von Rollingen** (zie: 5.3).

4.2   **Isembart von Rollingen**, overleden ná 1201. Zoon van Robert von Rollingen (zie: 3.1). Volgens sommige bronnen gehuwd met **Anna von der Pfalz**, geboren in circa 1180 te Raville. Dochter van **Harant von Palant**.

Isembart werd vermeld als reichsritter, heer van Rollingen en an der Kanner.

Uit dit huwelijk:

1. **Robert von Rollingen** (zie: 5.4);
2. **Dietrich von Rollingen** (zie: 5.5).

5.1   **Loretta von Rollingen**. Dochter van Robert von Rollingen en Judith de Neuviller (zie: 4.1). Gehuwd (1) met **Reiner I von Saarbrücken**, overleden in circa 1224. Zoon van **Johann von Alben**, heer van Saaralbe, en **N.N. von der Brücke**. Gehuwd (2) ná 1224 met Gottfried von Dorsweiler, overleden ná 1264.

Uit het eerste huwelijk:

1. **Reiner II von Saarbrücken**, overleden op 11-03-1284;
2. **Bohemund III von Saarbrücken**, overleden op 03-02-1304 (zie ook: 7.6);
3. **Robert von Saarbrücken**, overleden in circa 1292.

13

Uit het tweede huwelijk:

1. **Godelman von Dorsweiler**, Vogt von Gossoncourt (Vannecourt), overleden in 1314 (zie: 7.4).

5.2 **Robert (von Rollingen) de Neuviller & de Hombourg-sur-Kanner**, overleden ná 1246. Zoon van Robert von Rollingen en Judith de Neuviller (zie: 4.1). Gehuwd ná 1218 met **Nicole N.N.**, overleden vóór 1235. Nicole was gehuwd (1) met **Guy III de Jonvelle**, seigneur de Jonvelle, overleden in 1218. Zoon van **Guy II de Jonvelle** en **Elisabeth de Nogent**.

Robert was heer van Rollingen, Neuviller en Homburg.

Uit het huwelijk de Jonvelle – Nicole:

1. **Elisabeth de Jonvelle**, overleden in ná 1268. Gehuwd (1) in 1224 met **Simon III de Sexfontaines**. Zoon van **Simon II de Sexfontaines** en **Colombe**. Samen kregen zij 2 kinderen. Gehuwd (2) in 1238 met **Thiebaut I de Neufchatel**, seigneur de Neufchatel. Zoon van **Fromond de Dramelay**, seigneur de Frasne en Neufchatel, en **N.N. de Rougemont**.

5.3   **Ulrich (Olri) von Rollingen**, overleden in 1213. Zoon van Robert von Rollingen en Judith de Neuviller (zie: 4.1). Gehuwd met **Jeanne N.N.**, overleden ná 1211.

Heer van Rollingen, Neuviller en Aigremont.

Uit dit huwelijk:

1. **Renier d'Aigremont (von Rollingen)**, overleden in 1245. Gehuwd met **Elizabeth de Bauffremont**. Dochter van **Liebaut II, seigneur de Bauffremont** en **Isabelle de Reynel**. Samen kregen zij 1 dochter: **Alix-Bertremette d'Aigremont (von Rollingen)**, overleden in maart 1302, begraven te Morimond. Gehuwd in 1245 met **Jean I de Choiseul**, sire de Choiseul & d'Aigremont, maarschalk van Bourgondië, overleden in maart of mei 1309. Zoon van **Renard II de Choiseul**, sire de Choiseul, en **Alix de Dreux**. Samen kregen zij 5 kinderen.

5.4   **Robert von Rollingen**, geboren in circa 1204, overleden in december 1259. Zoon van Isembart von Rollingen (zie: 4.2). Gehuwd vóór 1235 met **Clemence de Rosières**. Dochter van **Alberic (Aubry) de Dammartin (de Rosières)**, chevalier et seigneur de Rosières & Lanfroicourt, en **Sophie von Blieskastel (von Castris)**.

Robert werd vermeld als Reichsritter en heer van Rollingen, Homburg en Neuviller.

Uit dit huwelijk:

1. **Jakob I von Warsberg (von Rollingen)** (zie: 6.1);
2. **Hedwig von Rollingen-Warsberg**. Gehuwd met **Gilles Bolchen**. Samen kregen zij 2 kinderen: **Joffrid von Bolchen** en **Kuno von Bolchen**. Hedwig werd begraven in 1284 in het klooster van Wadgassen;
3. **Loretta von Rollingen**, volgens sommigen een dochter van Robert en Judith de Neuviller (zie: 4.1 en 5.1).

5.5 **Dietrich von Rollingen**, overleden in 1250. Zoon van Isembart von Rollingen (zie: 4.2). Gehuwd met **Kunigunde von Hunsingen**, overleden ná 1265.

Dietrich was heer van Warsberg.

Uit dit huwelijk:

1. **Johann I von Warsberg (von Rollingen)** (zie: 6.2);

6.1   **Jakob I von Warsberg (von Rollingen)**, overleden op 09-03-1291. Zoon van Robert von Rollingen en Clemence de Rosières (zie: 5.4).
Gehuwd ná 1258 met **Elisabeth N.N.**, overleden
in 1291. Elisabeth huwde (1) met **Friedrich von
Brucken**, overleden in 1258. Zoon van **Walter
von Brucken** en **Mechtild**.

Heer van Rollingen en Warsberg en beleend met
rechten te Chaussy.

Uit het huwelijk Brucken – Elisabeth:

1. **Walter von Brucken**, overleden in 1299.
    Gehuwd mer **Elizabeth N.N.**, overleden in
    circa 1299. Samen kregen zij 1 kind.

Uit het huwelijk Warsburg – Elisabeth:

1. **Johann II von Warsberg** (zie: 7.1);
2. **Jakob II von Warsberg** (zie: 7.2);
3. **Gebela von Warsberg** (zie: 7.3).

6.2   **Johann I (de grote) von Warsberg (von Rollingen)**, overleden in 1276. Zoon van Dietrich
von Rollingen en Kunigunde von Hunsingen
(zie: 5.5). Gehuwd (1) met **Aleidis de Ponte**.
Gehuwd (2) ná 1263 met **Adelheid von Mengen**,
overleden ná 1307.

Johann was heer van Warsberg en via zijn huwelijk tevens heer van Mengen.

Uit het eerste huwelijk:

1. **Loretta von Rollingen** (zie: 7.4).

Uit het tweede huwelijk:

1. **Johann II (de Lange) von Mengen (von Rollingen)** (zie: 7.5);
2. **Guda von Mengen (von Rollingen)** (zie: 7.6);
3. **Dietrich von Mengen (von Rollingen)** (zie: 7.7);
4. **Peter von Warsberg** (zie: 7.8).

7.1 **Johann II von Warsberg (von Rollingen)**, overleden in 1314. Zoon van Jakob I von Warsberg (von Rollingen) en Elisabeth N.N. (zie: 6.1). Gehuwd met **Loretta N.N.**, overleden in circa 1302.

Johann was heer van Warsberg, Thicourt en Chaussy en Vogt van Marange. In 1258 werd Johann door de hertog van Lotharingen beleend met Chaussy. In een akte van 1264 opgenomen in het archief van de Duitsche Orde wordt vermeld dat hij vanuit deze functie acht zandblokken leverde voor het onderhoud van de Romeinse weg. In 1274 wordt hij vermeld als richter van de hertog en prins van Metz. In 1281 deelde hij de heerlijkheid Chaussy met zijn broer Jakob (zie: 7.2).

Uit dit huwelijk:

1. **Jakob III von Warsberg (von Rollingen)**
   (zie: 8.1);
2. **Johannette von Warsberg (von Rollingen)**
   (zie : 8.2).

7.2   **Jakob II von Warsberg (von Rollingen)**, overleden in 1323 Zoon van Jakob I von Warsberg (von Rollingen) en Elisabeth N.N. (zie: 6.1). Gehuwd met **Lucie von Bensdorf**, overleden ná 1352, begraven te Glandières.

Heer van Rollingen, Chasussy en Warsberg en via zijn huwelijk heer van Bensdorf. In 1281 deelde hij in de heerlijkheid van Chaussy samen met zijn broer Johann (zie: 7.1).

Uit dit huwelijk:

1. **Johann III von Warsberg (von Rollingen)**
   (zie: 8.3).

7.3   **Gebela von Warsberg (von Rollingen)**, overleden ná 1292. Dochter van Jakob I von Warsberg (von Rollingen) en Elisabeth N.N. (zie: 6.1). Gehuwd (1) met **Arnold II von Pittingen**, overleden op 09-03-1291. Zoon van **Arnold I von Pittingen** en **Lukardis N.N. (ook wel Pyele of Beatrix)**. Gehuwd (2) ná 09-03-1291 met **Joffrid von Meisemburg**, Herr von Meisemburg, overleden in 1309. Zoon van **Walter**

IV von Meisemburg en Isabelle de Neufcha-
teau. Joffrid huwde (2) vóór 1306 met **Jutta
von der Neuerburg**, dochter van **Robin zu Kobern**, Herr zu Kobern, en **Elizabeth von Epp-
stein**.

Uit het huwelijk Pittingen – Warsberg:

1. **Arnold III von Pittingen**, maarschalk van
   Luxemburg, overleden in 1328. Gehuwd met
   Jutta von Covern. Samen kregen zij 1 zoon.

Uit het huwelijk Meisemburg – Neuerburg:

1. **Walter V von Meisemburg**, overleden
   tussen 14-11-1367 en mei 1372. Gehuwd
   met **Katharina von Berg**. Samen kregen zij
   3 kinderen.

7.4 **Loretta von Rollingen**, overleden ná 1264.
Dochter van Johann I (de grote) von Warsberg
(von Rollingen) en Aleidis de Ponte (zie: 6.2).
Gehuwd met **Godelman von Dorsweiler**, Vogt
von Gossoncourt (Vannecourt), overleden in
1314. Zoon van **Gottfried von Dorsweiler** en
Loretta von Rollingen (zie: 5.1). Godelman
huwde (2) ná 1264 met **Loretta von Daun**.
Dochter van **Wirich II von Daun**, heer van
Daun, Oberstein, Landstuhl, Nannstein en Stein,
en **Kunigunde von Neuenbaumberg**.

Uit het huwelijk Dorsweiler – Rollingen:

1. **Georg von Kriechingen**, overleden in 1343. Gehuwd ná 1316 met **Isabella N.N.**, overleden ná 1336. Isabella huwde (1) in circa 1311 met **Johann I von Rollingen (von Homburg)** (zie: 8.5);
2. **Lisa von Dorsweiler**, overleden ná 1340. Gehuwd vóór 1311 met **Friedrich von Malberg**. Zoon van **Johann von Reifferscheid zu Malberg**, heer van Falkenstein, en **Catherine d'Audun**. Samen kregen zij 2 kinderen.

Uit het huwelijk Dorsweiler – Daun:

1. **Wirich von Dorsweiler**, heer van Kriechingen, baljuw van de bisschop van Metz, overleden ná 1351 (zie: 8.5).

7.5 **Johann II (de Lange) von Mengen (von Rollingen)**, overleden tussen 23-06-1329 en 31-12-1329. Zoon van Johann I (de grote) von Warsberg (von Rollingen) en Adelheid von Mengen (zie: 6.2). Gehuwd vóór 09-04-1294 met **Adelaide de Parroye**, overleden ná 1307. Dochter van **Albert I de Parroye**, seigneur de Taintrux, Croismare & d'Haudonviller, en **Jeanne N.N.**

Johann was heet burgvogt zu Warsberg en vogt van Chaussy.

Uit dit huwelijk:

1. **Johann III von Mengen (von Rollingen)**
    (zie: 8.4)

7.6 **Guda von Warsberg (von Rollingen)**, overleden ná 1316. Dochter van Johann I (de grote) von Warsberg (von Rollingen) en Adelheid von Mengen (zie: 6.2). Gehuwd met **Joffried (Gottfried) I von Saarbrücken**, overleden op 29-07-1326. Zoon van **Bohemund III von Saarbrücken** (zie: 5.1 en 5.4).

Uit dit huwelijk:

1. **Reimbold von Saarbrücken-Warsberg**, bewoonde Burg Hohenfels, overleden ná 1364. Gehuwd (1) met **Mena von Ettendorf**, dochter van **Friedrich III von Ettendorf**, heer van Hohenfels, en **Imago**. Samen kregen zij 1 zoon. Gehuwd (2) ná 1357 met **Mechtild von der Fels**, overleden ná 1369. Dochter van **Arnold von der Fels**, maarschalk van Luxemburg, en **Jutta von Wiltz**.

7.7 **Dietrich von Mengen (von Rollingen)**, overleden ná 1298. Zoon van Johann I (de grote) von Warsberg (von Rollingen) en Adelheid von Mengen (zie: 6.2). Gehuwd vóór 14-10-1295 met **Lore von Brucken**. Dochter van **Arnold von Brucken**.

Dietrich was heer van Rollingen, Mengen en Homburg. Op verzoek van zijn neven werd hij in 1284 beleend met de heerlijkeheid Chaussy.

Uit dit huwelijk:

1. **Johann I von Rollingen (von Homburg)** (zie: 8.5);
2. **Isabelle von Rollingen (von Mengen)** (zie: 8.6).

7.8 **Peter von Warsberg (von Rollingen)**, overleden in 1315. Zoon van Johann I (de grote) von Warsberg (von Rollingen) en Adelheid von Mengen (zie: 6.2). Gehuwd met **N.N.**

Peter was heer van Warsberg. Met Peter begint een aparte familietak die zich definitief von Warsberg gaat noemen en een eigen familiewapen voert.

Uit dit huwelijk:

1. **Kuno (Konrad) von Warsberg** (zie: 8.7).

8.1 **Jakob III von Warsberg (von Rollingen)**, overleden in 1337. Zoon van Johann II von Warsberg (von Rollingen) en Loretta N.N. (zie: 7.1). Gehuwd met **N.N.**

Jakob was heer van Thicourt.

Uit dit huwelijk:

1. **Johanna von Warsberg**, overleden ná 1387. Gehuwd met **Hugo (Hugelmann) III von Vinstingen**, overleden ná 11-11-1362. Zoon van **Hugo II von Vinstingen**. Samen kregen zij 3 kinderen.

8.2 **Johannette von Warsburg (von Rollingen)**, overleden ná 1359. Dochter van Johann II von Warsberg (von Rollingen) en Loretta N.N. (zie: 7.1). Gehuwd (1) vóór 1322 met **Arnold IV von Sirck (De Oude)**, burggraaf von Schauenburg, overleden op 29-04-1323. Zoon van **Friedrich I von Sirck**. Gehuwd (2) ná 1322 met **Dietrich von Kerpen**, Heer van Illingen. Zoon van **Dietrich von Kerpen**, Heer van Kerpen, en **Margareta von Moestroff**.

Uit het huwelijk Sirck – Warsburg:

1. **Else von Sirck**, overleden vóór 25-01-1370. Gehuwd vóór 11-09-1350 met **Hannemann I, graaf van Zweibrucken-Bitsch**, geboren in circa 1330 te Bitche, overleden tussen 11-

09-1399 en 10-04-1400. Zoon van **Simon I,
graaf van Zweibrucken-Bitsch**, en **Agnes
von Lichtenberg**. Samen kregen zij 1 kind;
2. **Johann I von Sirck**, heer van Kerpen en
Illingen, overleden 1339. Gehuwd met
Elizabeth de Chambley, overleden in 1370.
Dochter van **Jean de Chambley en Beatrix
von Hagen zur Motten**.

Uit het huwelijk Kerpen – Warsburg:

1. **Dietrich von Kerpen**, heer van Kerpen,
Warsberg en Illingen. Gehuwd met **Sophia
von Fischenich zum Thurm**. Dochter van
Konrad von Fischenich zum Thurm.

8.3 **Johann III von Warsberg (von Rollingen)**,
overleden op 08-06-1343. Zoon van Jakob II
von Warsberg (von Rollingen) en Lucie von
Bensdorf (zie: 7.2). Gehuwd in circa 1338 met
Alix (Aleidis) des Septfontaines, overleden ná
1375. Dochter van **Thomas de Septfontaines**,
heer van Septfontaines. Alix huwde (2) in 1344
met **Philipp IV de Florange**, heer van Florange.
Zoon van **Philipp III von Flörchingen**, heer
van Flörchingen, en **Ermengarde de Hunolstein**.

Johann was heer van Rollingen en Warsberg via
zijn vader en Bensdorf via zijn moeder en Septfontaines (Sevenborn of Simmern) via zijn huwelijk.

Uit het huwelijk Rollingen – Septfontaines:

1. **Jakob IV von Rollingen** (zie: 9.1);
2. **Jeanette von Warsberg** (zie: 9.2).

Uit het huwelijk Florange – Septfontaines:

1. **Lise de Flörchingen**, overleden ná 1420.
   Gehuwd met **Collard de Lenoncourt**,
   geboren ná 1353, overleden in april 1420.
   Zoon van **Thierry II de Lenoncourt**,
   seigneur de Lenoncourt, baljuw van
   Lotharingen, en **Jeanne de Parroye**. Samen
   kregen zij 2 kinderen;
2. **Johann de Flörchingen**, overleden in 1370;
3. **Robert de Flörchingen**, heer van
   Flörchingen, overleden tussen 1412 en 1420.
   Een contract voor een huwelijk met **Diane
   von der Marck** werd getekend op 30-05-
   1381. Dochter van **Eberhard I von der
   Marck**, seigneur d'Arenberg, Lummen &
   Neufchateau-sur-Ambleve, en **Maria de
   Neuchatel**;
4. **Ermengard de Flörchingen**, geboren in
   circa 1355, overleden ná 1439. Gehuwd in
   circa 1374 met **Ferry IV de Chambley**,
   seigneur de Chambley, geboren in circa
   1355, overleden in 1418. Zoon van **Ferry
   III de Chambley**, seigneur de Chambley, en
   Jeanne d'Avocourt. Samen kregen zij 4
   kinderen.

8.4   **Johann III von Rollingen (von Mengen)**, overleden ná 1378. Zoon van Johann II (de Lange)
von Rollingen (von Mengen) en Adelaide de
Parroye (zie: 7.5). Gehuwd met **Catherine de
Bauffremont** (contract opgemaalt op 27-01-
1340). Dochter van **Pierre I de Bauffremont**,
sire de Vauviller & Ruippes, en **Jeanne de Ray**.

Heer van Dalheim, burgvogt van Neu-Warsberg,
richter te Lotharingen.

Uit dit huwelijk:

1.   **Anna von Rollingen (von Mengen)**,
       overleden ná 17-01-1409. Gehuwd vóór
       1367 met **Richard (de Jonge) von Daun**,
       heer van Daun, maarschalk van Luxemburg,
       overleden ná 11-11-1396. Zoon van
       Heinrich von Daun, heer van Daun en
       maarschalk van Densborn, en **Aleide von
       Wildenburg**.

8.5   **Johann I von Homburg (von Rollingen)**, overleden in 1316. Zoon van Dietrich von Mengen
(von Rollingen) en Lore von Brucken (zie: 7.7).
Gehuwd in circa 1311 met **Isabella**, overleden
ná 1336. Isabella huwde (2) ná 1316 met Georg
von Kriechingen, overleden in 1343 (zie: 7.4).

Johann was heer van Rollingen, Mengen, Homburg en Chaussy.

Uit het huwelijk Rollingen – Isabella:

1. **Sara von Rollingen (von Homburg)**, overleden ná 1351. Gehuwd met **Wirich von Kriechingen**. Zoon van **Wirich von Kriechingen**, heer van Kriechingen, baljuw voor de bisschop van Metz, en **N.N.** Door dit huwelijk komt een deel van de heerlijkheid Chaussy in handen van het geslacht Kriechingen. Samen kregen zij 1 zoon (zie ook: 9.2);
2. Vermoedelijk: **Ysembart von Rollingen**, heer van Rollingen. Droeg in 1344 de heerlijke rechten van Urville (deel van Chaussy) over aan Jean le Gronnais die in 1347 ook het deel van Jakob von Rollingen overnam.

Ysembart von Rollingen zegelde in 1351 met hanenveren als helmteken.

8.6   **Isabelle von Mengen (von Rollingen)**, overleden vóór 1314. Dochter van Dietrich von Mengen
(von Rollingen) en Lore von Brucken (zie: 7.7).
Gehuwd vóór 19-05-1311 met **Robin von Useldingen**, heer van Huncheringen, overleden ná
1348. Zoon van **Robin (Robert) von Useldingen**, seneschalk van Luxemburg, en **Sara
N.N.** Robin huwde (2) tussen 1312 en 1314 met
Mechtild von Reuland, overleden ná 1314.
Dochter van **Dietrich von Reuland**, heer van
Reuland, en **Mechtild von Gyumnich**. Robin
huwde (3) ná 1314 met **Mensete**.

Uit het huwelijk Useldingen – Mensete:

1. **Kunigunde von Everlingen**, overleden ná
    1378. Gehuwd met **Johann II von der Fels**,
    heer van der Fels, overleden tussen 12-08-
    1357 en 18-07-1359. Zoon van **Arnold von
    der Fels**, maarschalk van Luxemburg, en
    Jutta von Wiltz;
2. **Robin von Everlingen**, heer van Fischbach
    & Everlingen, overleden tussen 1370 en
    1381. Gehuwd met **Johanna von
    Fischbach**, overleden ná 1348. Dochter van
    Simon II von Fischbach. Samen kregen zij
    2 kinderen.

8.7   **Kuno (Konrad) von Warsberg**, overleden in
       1339. Zoon van Peter von Warsberg (von Rol-
       lingen) en N.N. (zie: 7.8). Gehuwd met **N.N.**

       Kuno was heer van Warsberg.

       Uit dit huwelijk:

       1. **Heinrich von Warsberg** (zie: 9.3).

9.1   **Jakob IV von Rollingen**, geboren in 1325 te
       Ravelle, Lotharingen, overleden in 1357. Zoon
       van Johann III von Warsbeerg (von Rollingen)
       en Alix des Septfontaines (zie: 8.3). Gehuwd in
       1350 met **Agnes von Sarrebrück**, vrouwe van
       Dagstühl, geboren in 1330. Dochter van **Bo-
       mond III von Sarrebrück**, heer van Sarre-
       brück, en **Agnes van Fénétrange-Diemeringen**.

       Heer van Rollingen, Bensdorf en Septfontaines
       (Sevenborn). Heer van Dagstühl via zijn echtge-
       note.

       Uit dit huwelijk:

       1. **Johann IV von Rollingen** (zie: 10.1).

9.2   **Jeanette von Warsberg (von Rollingen)**, over-
       leden ná 1365. Dochter van Johann III von Rol-
       lingen (von Warsberg) en Alix des Septfontaines
       (zie: 8.3) Gehuwd met **Johann von Forbach**,
       heer van Warsberg (via Jeanette), overleden in

30

1362. Zoon van **Joffrid von Forbach**, heer van Forbach, en **Agnes von Lichtenberg**.

Uit dit huwelijk:

1. **Henriette von Forbach**, overleden tussen 18-03-1398 en 01-09-1398. Gehuwd vóór 19-10-1359 met **Johann I von Kriechingen**, heer van Kriechingen & Pittingen, overleden tussen 21-10-1398 en 16-05-1399. Zoon van **Wirich von Kriechingen** en **Sara von Rollingen (von Homburg)** (zie: 8.5). Samen kregen zij 2 kinderen.

9.3   **Heinrich von Warsberg**. Zoon van Kuno (Konrad) von Warsberg en N.N. (zie: 8.7). Gehuwd met **Walburga von Finstingen-Brackenkopf**. Dochter van **Heinrich von Finstingen** en **Walburga von Horburg**.

Heinrich was heer van Warsberg.

Uit dit huwelijk:

1. **Johann I von Warsberg** (zie: 10.2).

10.1 **Johann IV von Rollingen**, geboren in 1355 te Ravelle, Lotharingen, overleden in 1420. Zoon van Jakob IV von Rollingen en Agnes von Sarrebrück (zie: 9.1). Gehuwd in 1370 met **Ermengarde von Rodemachern (von Milberg)**, geboren in circa 1360. Dochter van **Johann II von Rodemachern**, heer van Milberg, en **Elisabeth von Septfontaines van Cranendonck**.

Heer van rollingen Bensdorf en Septfontaines via zijn vader en heer van Dagstühl via zijn moeder.

Uit dit huwelijk:

1. **Johann V von Rollingen** (zie: 11.1);
2. **Georg von Rollingen** (zie: 11.2);
3. **Jakob VI von Rollingen** (zie: 11.3).

Wapen van Johann omstreeks 1375. Met als helmteken buffelhoornen, elk bezet met drie kogels bezet met drie hanenveren.

32

10.2 **Johann I von Warsberg**, geboren in circa 1365. Zoon van **Heinrich von Warsberg en Walburga von Finstingen-Brackenkopf (zie: 9.3)**. Gehuwd met **Katharina von Autel**. Dochter van **Huart III von Autel** en **Aleide de Friaville de Schindelz**.

Johann was heer van Warsberg.

Uit dit huwelijk:

1. **Johann II von Warsberg** (zie: 11.4).

11.1 **Johann V von Rollingen**, overleden op 15-04-1461. Zoon van Johann IV von Rollingen en Ermengarde von Rodemachern (zie: 10.1). Gehuwd op 17-01-1409 met **Anna von Daun-Densborn**, erfvrouwe van Daun-Densborn, overleden op 02-08-1460. Dochter **van Richard IX von Daun-Densborn**, heer van Daun-Densborn.

Johann was heer van Rollingen, Septfontaines, Daun-Densborn, Bensdorf en Dagstühl. Tevens was hij erfmaarschalk van het hertogdom Luxemburg en het graafschap Chiny. Johann was de eerste van zijn geslacht die de erfelijke eretitel erfmaarschalk van het hertogdom Luxemburg en het graafschap Chiny kreeg. Het betrof hier geen ambtelijke functie maar een eretitel met ceremoniële voorrechten bij kroningen en toegang tot het hof.

Uit dit huwelijk:

1. **Johann VI von Rollingen** (zie: 12.1).

Het stamwapen van het geslacht
Daun. De heren van Daun waren oorspronkelijk een edel-
freies geslacht uit Daun, in de
huidige Vulkaneifel. Dit geslacht
stierf in 1163 uit waarna een mi-
nisteriaal met de naam Richar-
dus de Duna de Burcht, de heerlijkheid en de naam van zijn
vroegere heer overnam en stamvader van een tweede Dauner
adelsgeslacht werd.

Het door Johann gevoerde
wapen, bestaande uit het
stamwapen Rollingen ver-
meerderd met het wapen van
Septfontaines.

34

11.2 **Georg von Rollingen-Dagstühl**, geboren in circa 1380, overleden in 1450. Zoon van Johann IV von Rollingen en Ermengarde von Rodemachern (zie: 10.1). Gehuwd met **Agnes von Kastel**, geboren in circa 1395, overleden in 1435. Dochter van **Simon von Kastel** en **N.N. von Heringen**.

Georg werd vermeld als ridder. Hij was heer van Rollingen, Bensdorf, Craenendonck en Dagstühl. Eveneens bezat hij de helft van Septfontaines en Milberg. Hij stond in hoog aanzien bij de heersers van Luxemburg en werd zo benoemd tot provoost van Luxemburg en Diedenhofen.

Uit dit huwelijk:

1. **Johann VII von Rollingen** (zie: 12.2).

11.3 **Jakob VI von Rollingen**, overleden ná 1459. Zoon van Johann IV von Rollingen en Ermengarde von Rodemachern (zie: 10.1). Gehuwd met **Lise de Lenoncourt**.

11.4 **Johann II von Warsberg**. Zoon van Johann I von Warsberg en Katharina von Autel (zie: 10.2). Gehuwd met **Katharina de Arriance**.

Johann was heer van Warsberg.

Uit dit huwelijk:

1. **Heinrich von Warsberg** (zie: 12.3).

12.1 **Johann VI/VII von Rollingen**, geboren in 1410, overleden op 05-01-1457. Zoon van Johann V von Rollingen en Anna von Daun-Densborn (zie: 11.1). Gehuwd in 1435 met **Margaretha von Sirck**, geboren in 1415. Dochter van **Arnold VI van Sirck**, graaf van Moncler, heer van Fra, en **Elisabeth Bayer von Boppard**.

Johann was heer van Rollingen, Daun-Densborn en Bensdorf. Tevens was hij erfmaarschalk van het hertogdom Luxemburg en het graafschap Chiny.

Uit dit huwelijk:

1. **Wilhelm von Rollingen** (zie: 13.1);
2. **Ermengarde von Rollingen** (zie: 13.2).

Johann zegelde in 1444 met het stamwapen Rollingen en het wapen van Daun.

12.2 **Johann VI/VII von Rollingen**, geboren in circa 1415, overleden tussen 1471 en 1476. Zoon van Georg von Rollingen en Agnes von Kastel (zie: 11.2). Gehuwd in 1445 met **Margaretha van Sassenheim**, vrouwe van Ansembourg, geboren in circa 1425, overleden in 1465. Dochter van **Robert (Robin) van Sassenheim**, heer van Ansembourg, en **Hedwig von Bourscheidt**.

Johann werd vermeld als ridder. Hij was heer van Rollingen, Bensdorf, Craenendonck en Dagstühl. Eveneens bezat hij de helft van Septfontaines en Milberg. Tevens was hij erfmaarschalk van het hertogdom Luxemburg en het graafschap Chiny. Via zijn echtgenote werd hij heer van Ansembourg, een heerlijkheid die zijn nakomelingen tot eind 17de eeuw zouden bezitten. De dorpen Ansembourg, Keispelt en Meispelt behoorden tot de Ansembourgse heerschappij.

Hoewel zijn vader en oom hoge functies bekleedden, was dat niet het geval voor Johann. Hij zou ook vrijwel onbekend zijn gebleven als zijn naam niet betrokken was geweest bij twee belangrijke rechtszaken: in 1466 eiste hij in naam van zijn vrouw Margaretha dat Johann von Bolchen, Herr zu Zolwer, een jaarlijkse huur van 55 makder tarwe zou betalen, 17 malder haver, 3 vaten wijn. 10 pond denarii en 2 varkens. Maar aangezien de heer von Zolwer weigerde, kwam de zaak voor de adellijke rechtbank.

Hier beweerde von Zolwer dat de rente in kwestie eerder door zijn vader was betaald aan de schoonvader Robert was betaald en dat er een document van die betaling is opgemaakt. De rechtbank kende de Johann von Rollingen de rente van 17 malder haver toe, maar wees de andere vorderingen af.

Het tweede proces ging over het recht van de hoge rechtbanken. In 1471 had de echtgenote van molenaar Thielmann von Redingen zelfmoord gepleegd. Johann en zijn zoon Wilhelm lieten het lijk van de vrouw ophangen aan de galg bij Septfontaines. Omdat Redingen op dat moment echter onder de jurisdictie van de provoost van Arlon viel, deed de provoost zijn rechten gelden en nodigde hij Johann en Wilhelm uit om voor de provinciale raad in Luxemburg te verschijnen.

De beschuldigden verklaarden dat het incident plaatsvond in hun afwezigheid en dat de handeling werd uitgevoerd door hun magistraat en onderdanen zonder hun toestemming. Ze beweerden ook dat de gebeurtenis plaatsvond onder Septfontaines-heerschappij, over wiens inwoners hun voorouders hoge jurisdictie hadden gekregen. Overigens voerden ze aan dat ze in Redingen reeds vaak gebruik hadden gemaakt van de hoge jurisdictie, ook voor de raad waar de betreffende zaak zich nu voordeed. De raad vroeg hun getuigenis met documenten te bewijzen. De uitkomst van het proces is niet bewaard gebleven. Er kan echter geconcludeerd worden dat de uitspraak in het nadeel van Johann en Wilhelm had moeten zijn aangezien graaf Johann der Blinde in 1312 de heren van Septfontaines en hun nakomelingen en erfgenamen alleen hoge jurisdictie had gegeven over de inwoners van de parochie van Septfontaines. Er bestond echter een akte van 1339 waarin de hoge rechtsmacht werd uitgebreid over de onderdanen van het hele rijk. De Belgische historicus Van Werveke toonde in de 20ste eeuw echter aan dat dit document was gebaseerd op een vervalsing.

Uit dit huwelijk:

1. **Wilhelm II von Rollingen** (zie: 13.3).
2. **Kaspar I von Rollingen** (zie: 13.4).

De burcht Ansembourg.

12.3 **Heinrich von Warsberg**, overleden in 1494 te Burg Freistroff, Lotharingen. Zoon van Johann II von Warsberg en Katharina de Arriance (zie: 11.4). Gehuwd met **Margarethe von Ellentz**, geboren in circa 1420 te Burg Freistroff, Lotharingen. Dochter van **Fulker III von Ellentz**, overleden in 1473.

Heinrich was heer van Warsberg. Volgens sommige bronnen was Margarethe de echtgenote van Wilhelm I die samen een zoon, Wilhelm II kregen. Mogelijk werd Heinrich ook Wilhelm Heinrich genoemd en is daar verwarring door ontstaan bij de nummering van de generaties.

Uit dit huwelijk:

1. **Wilhelm II Heinrich von Warsberg** (zie: 13.5).

13.1 **Wilhelm von Rollingen**, geboren in 1435, overleden op 26-07-1503. Zoon van Johann VII von Rollingen en Margaretha von Sirck (zie: 12.1). Gehuwd in 1460 met **Johanna von Autel**, geboren in 1440, overleden in 1490. Dochter van **Huart V von Autel**, heer von Hollenfels, en **Jolanda de Haraucourt**.

Wilhelm was heer van Rollingen, Daun-Densborn en Bensdorf.

Uit dit huwelijk:

1. **Ermengarde von Rollingen** (zie: 14.1);
2. **Johann von Rollingen** (zie: 14.2).

13.2 **Ermengarde (Irmgrard) von Rollingen**, geboren in circa 1450, overleden in 1514. Dochter van Johann VII von Rollingen en Margaretha von Sirck (zie: 12.1). Gehuwd in circa 1470 met **Willem von Runkel**, graaf van Runkel, geboren in circa 1435. Zoon van **Diederik IV von Runkel**, graaf van Runkel, en **Ansatasia von Isenburg-Wied**.

Uit dit huwelijk:

1. **Anastasia von Runkel**, geboren in circa 1475. Gehuwd in 1492 met **Hendrik VIII von Waldeck-Wildungen**, graaf van Waldeck-Wildungen, geboren in circa 1465, overleden op 28-05-1513. Zoon van **Philips**

41

I von **Waldeck-Wildungen**, graaf van Waldeck-Wildungen, en **Johanna von Nassau-Dillenburg**. Samen kregen zij 1 kind;

2. **Margaretha von Runkel**, geboren in circa 1480, overleden in 1547. Gehuwd in 1500 met **Johann I von Arenberg**, heer van Lummen, geboren in circa 1465, overleden in 1519. Zoon van **Willem I (met de Baard) van Arenberg**, heer van Lummen, en **Johanna van Aarschot-Schoonhoven**. Samen kregen zij 1 kind.

13.3 **Wilhelm II von Rollingen**, overleden tussen 26-06-1518 en 08-06-1519. Zoon van Johann VI von Rollingen en Margaretha van Sassenheim (zie: 12.2). Gehuwd op 12-10-1491 met **Elizabeth von der Fels**. Dochter van **Arnold VI von der Fels**, heer van Heffingen, en **Margareta von Elter**.

Wilhelm kwam in het bezit van de heerschappij van Ansembourg, een kwart van Septfontaines en delen van Dagsthül, Rollingen en Milberg. Hij was tevens erfmaarschalk van het hertogdom Luxemburg en het graafschap Chiny.

Zoals reeds werd vermeld bij zijn vader had Wilhelm zich de hoge jurisdictie over de inwoners van Redingen toegeëigend. Later deed hij dit ook in Keispelt, wat onder jurisdictie viel van de provoost van Luxemburg. Om zijn rechten te behouden nodigde de provoost Wilhelm von

42

Rollingen uit voor het provinciaal bestuur, dat zich in 1525 ten gunste van de provoost uitsprak.

Uit dit huwelijk:

1. **Bernhard von Rollingen** (zie: 14.4);
2. **Valerian von Rollingen**, samen met zijn broer Bernhard heer van Ansembourg;
3. **Arnold von Rollingen**, cantor van de Kathedraal te Trier;
4. **Huart von Rollingen**;
5. **Margareta von Rollingen**. Gehuwd (1) met **Jobst von Flersheim (Monheimer)** en (2) met **Adam von Soetern**;
6. **Elisabeth von Rollingen**. Gehuwd met **Hermann III von Hatzfeld**, heer van Wildenburg, Schönstein & Wocklum. Geboren in circa 1529 te Werther, overleden op 20-02-1600. Zoon van **Hermann II von Hatzfeld** en **Anna von Droste**. Hermann III huwde (1) in 1564 met **Elisabeth Pentling**, geboren in 1538 te Walenburg, overleden ná 1569. Hermann III huwde (2) in 1581 met **Margarethe von Hatzfeld**, geboren in circa 1544 te Merten. Dochter van **Franz I von Hatzfeld-Wildenburg** en **Elisabeth van Wylich**.

13.4 **Kaspar I von Rollingen**, overleden in 1494. Zoon van Johann VI/VII von Rollingen en Margaretha van Sassenheim (zie: 12.2). Gehuwd met **Hadwide von Haussonville**.

Kaspar was heer van Rollingen, Dagstühl en Septfontaines.

Uit dit huwelijk:

1. **Heinrich von Rollingen** (zie: 14.5).

13.5 **Wilhelm II Heinrich von Warsberg**, overleden op 15-08-1513 te Burg Freistroff, Lotharingen. Zoon van Heinrich von Warsberg en Margarethe von Ellentz (zie: 12.3). Gehuwd in 1478 met **Metza van Rheineck**, burggravin van Rheineck. Dochter van **Johann van Rheineck**, burggraaf van Rheineck, en **Irmgard von Appermont**.

Wilhelm was heer van Warsberg en via zijn echtgenote burggraaf van Rheineck.

Uit dit huwelijk:

1. **Johann III von Warsberg** (zie: 14.6).

14.1 **Ermengarde von Rollingen**, geboren in 1470, overleden op 14-05-1548. Dochter van Willem von Rollingen en Johanna von Autel (zie: 13.1). Gehuwd in 1489 met **Johann V von Kriechingen**, Freiherr zu Kriechingen, Pittingen, Bissen Dagstuhl, Homburg und Pulligny, geboren in circa 1460 te Kriechingen, overleden in 1533 te Kriechingen. Zoon van **Johann IV von Kriechingen** en **Margaretha Marie von Bacourt**.

Door het huwelijk Kriechingen-Rollingen komt Chaussy volledig in handen van Kriechingen (Créhange) (zie ook: 8.5) nadat zij eerder al een deel van de rechten haddden verworven via een huwelijk uit het geslacht Pittingen die via een huwelijk met Gebela von Warsberg (von Rollingen) (zie ook: 7.3) een ander deel hadden verkregen.

Uit dit huwelijk:

1. **Georg I von Kriechingen**, heer van Pittingen, geboren in 1497 te Kriechingen, overleden in 1567. Gehuwd in 1525 met **Philippa von Leiningen-Hartenburg**, geboren in 1504, overleden op 16-02-1554. Dochter van **Emich IX von Leiningen-Hartenburg**, graaf van Leiningen-Hartenburg, en **Agnes von Eppenstein-Münzenberg**. Samen kregen zij 1 kind;
2. **Wyrich von Kriechingen**, geboren in 1510 te Kriechingen, overleden op 15-07-1587.

Gehuwd op 15-06-1545 met **Antoinette von Salm-Kyrburg**, geboren in circa 1525, overleden in 1588. Dochter van **Johann VII von Salm**, graaf van Salm, Wild- en Rijngraaf van Kyrburg, en **Anna von Isenburg-Ronneburg**. Samen kregen zij 3 kinderen.

Ermengarde zegelde in 1529 met het stamwapen Rollingen en het wapen van Septfontaines voorzien van een hartschild met het wapen van Daun.

14.2 **Johann von Rollingen**, geboren in circa 1475, overleden op 05-08-1540. Zoon van Willem von Rollingen en Johanna von Autel (zie: 13.1). Gehuwd op 04-11-1504 met **Margaretha von Manderscheid-Blankenheim**, geboren op 05-02-1481, overleden in maart 1536. Dochter van **Johann I von Manderscheid-Blankenheim**, graaf van Manderscheid-Blankenheim, en **Margaretha von Arenberg**.

Ook bekend als Jean de Raville. Johann was heer van Rollingen, Septfontaines, Daun-Densborn, Hollenfels en Bensdorf. Tevens was hij Erfmaarschalk van het hertogdom Luxemburg en het graafschap Chiny.

Zijn epitaaf bevindt zich in de kapel van de St.Martin kerk te Septfontaines met de volgende inscriptie: "IM IA(H)RE 1540 DES 5 DAGS AVG(V)ST MANET IST GESTORBEN DER EDEL IOHAN(N) HER(R) ZV ROL(L)INGEN SEVENBORN DAGSTAL HOL(L)ENFELTZ DVNHE DEINSBERG ERBMARSCHALCK DES HERTZOCHTVM LVTZENBURG DEM GOT(T) GNADT" Zijn epitaaf is versierd met zijn vier kwartieren: Rollingen, Autel, Sirck en Haraucourt.

Het gehele epitaaf van Johann von Rollingen.

48

Het epitaaf van Johann von Rollingen.

Johann zegelde met het stamwapen van het geslacht Rollingen vermeerderd met Septfontaines en een hartschild van Daun.

49

Detail van het epitaaf van Johann von Rollingen.

Het wapen van het geslacht Autel.

Het wapen van het geslacht Sirck.

Het wapen van het geslacht Haraucourt.

51

14.4 **Bernhard von Rollingen**, overleden tussen 21-05-1553 en 16-07-1555. Zoon van Wilhelm II von Rollingen en Elizabeth von der Fels (zie: 13.3) Gehuwd vóór 1527 met **Kunigunde von Braubach**, overleden ná 28-12-1569. Dochter van **Friedrich von Braubach** en **Wilhelmina von Lützerode**.

Bernhard was heer van Ansembourg, een kwart van Septfontaines en delen van Dagstühl, Rollingen en Milberg.

Uit dit huwelijk:

1. **Jakob VII von Rollingen** (zie: 15.1);
2. **Johann von Rollingen**;
3. **Wilhelmina von Rollingen**. Gehuwd vóór 1560 met **Johann XI von Helfenstein**, heer van Helfenstein en Müllenbach, grootmaarschalk van Trier. Zoon van **Johann X von Helfenstein** en **Elizabeth von Lahnstein**. Samen kregen zij 1 dochter: **Wilhelmina von Helfenstein**, gehuwd met **Otto von Rolshausen**. Johann XI huwde (2) ná 1560 met **Apollonia von Than**, overleden vóór 1576. Dochter van **Ludwig von Than** en **Margareta Bayer von Boppard**. Samen kregen zij 1 dochter: **Christina Katharina von Helfenstein**, gehuwd met **Otto Nikolaus von Steinkallenfels**. Johann XI huwde (3) vóór 1576 met **Elizabeth von Nassau**, geboren in

52

circa 1561 overleden ná 1631. Dochter van **Philipp von Nassau**, heer van Spurkenburg, en **Christina von der Leyen**.

14.5 **Heinrich von Rollingen**, geboren in circa 1440. Zoon van Johann VII von Rollingen en Margaretha von Sirck (zie: 13.4). Gehuwd op 28-06-1485 met **Elisabeth von Autel**, geboren in circa 1450, overleden in 1519. Dochter van **Johann II von Autel**, heer van Autel, en **Eva von Kerpen-Illingen**. Elisabeth huwde (1) in 1470 met **Johann Mohr**, heer von Sötern, geboren in circa 1445, overleden in circa 1485. Zoon van **Thomas III Mohr**, heer von Sötern, en **Irmengarde von Bellenhausen**.

Heinrich was heer van Rollingen, Dagstühl en Septfontaines.

Uit het huwelijk Rollingen – Autel:

1. **Kaspar II von Rollingen** (zie: 15.2).

Uit het huwelijk Mohr – Autel:

2. **Catharina Mohr von Sötern**, geboren in circa 1475. Gehuwd in 1495 met **Heinrich II von Schwarzenberg**, geboren in circa 1470, overleden in 1531. Zoon van **Heinrich I von Schwarzenberg** en **Margaretha von Uttingen**. Samen kregen zij 2 kinderen;

3. **Rosa Mohr von Sötern**, geboren in circa 1485, overleden in 1520. Gehuwd op 30-08-1508 met **Nicolaas IV von Hagen**, heer van Motten en Büschfeld, geboren in circa 1480, overleden in 1547. Zoon van **Thieleman II von Hagen**, heer van Motten, en **Philippa von Kellenbach**. Samen kregen zij 1 kind. Nicolaas huwde (2) in circa 1520 met **Odilia von Kerpen-Illingen**, geboren in circa 1508, overleden in 1565. Dochter van **Bernhard von Kerpen**, heer van Illingen, en **Elisabeth von Wolfstein**. Samen kregen zij 1 kind.

14.6 **Johann III von Warsberg**, geboren in circa 1480, overleden in 1555. Zoon van Wilhelm II Heinrich von Warsberg en Metza van Rheineck, burggravin van Rheineck (zie: 13.5). Gehuwd met **Margaretha von Helmstatt**, geboren in circa 1510 te Dürrkastel, overleden in 1552. Dochter van **Johann II von Helmstatt** en **Elisabeth von Ingelheim**.

Johann was heer van Warsberg en via zijn moeder burggraaf van Rheineck.

Uit dit huwelijk:

1. **Johann IV von Warsberg** (zie: 15.3).

15.1 **Jakob VII von Rollingen**, overleden op 24-10-1601. Zoon van Bernhard von Rollingen en Kunigunde von Braubach (zie: 14.4). Gehuwd op 23-03-1564 met **Marguerite de Bassompierre (Bettstein)**. Dochter van **François (Stephan) de Bassompierre** en **Marguerite de Dommartin**.

Jakob kwam via zijn vader in het bezit van de heerschappij van Ansembourg, een kwart van Septfontaines en delen van Dagstühl, Rollingen en Milberg. Hij was erfmaarschalk van het hertogdom Luxemburg en het graafschap Chiny en tevens gouverneur van Vianden, Dasburg St. Vith & Luxemburg.

Zijn echtgenote Marguerite was de tante van François de Bassompierre, markies van Haroué en maarschalk van Frankrijk.

Aan de belangrijkste landgoederen die zijn vader hem had nagelaten, voegde Jakob nog andere toe, waaronder met name de heerschappij van Körich noemenswaardig is. Nadat Jakob in bezit kwam van Körich, was hij van plan zich hier permanent te vestigen, maar het oude Grewenkasteel, dat naar verluidt in 950 door graaf Siegfried zou zijn gebouwd, vond hij niet naar zijn zin. Het kasteel had in de loop der tijd veel geleden onder belegeringen en was in verval geraakt. De vorige eigenaren, vooral Jakobs directe voorgangers, hadden het onmogelijk gevonden het te restaureren. Daarom liet Jakob het kasteel neerhalen en bouwde een nieuw, ruim en modern kasteel. De huidige ruïnes zijn van dit door Jakob gebouwde kasteel.

Körich vormde een dubbele regering: vanuit het Grewenkasteel met zijn toebehoren en vanuit het zogenaamde Fockengut, waarvan het statige huis, met uitzondering van de fundamenten, inmiddels volledig is verdwenen.

In 1580 verwierf Jakob von Rollingen de heerschappij van het Grewen deel van Johann von Landscheid en zijn vrouw Margareta von Elter. Maar Jakob had dit landschap nauwelijks in bezit genomen of hij kreeg ruzie met Dietrich-Georg Fock von Hübingen, de eigenaar van het Fockengut, wiens feodale heren destijds de Kriechinger von Septfontaines waren, en die in sommige opzichten voor de uitoefening van de hoge jurisdictie afhankelijk waren van de heren van het Grewen kasteel. Dit resulteerde in een proces bij de Hoge Raad van Mechelen. Het vonnis, waaraan beide partijen zich moesten onderwerpen, vond plaats op 17-05-1582. Intussen was Dietrich-Georg Fock overleden en deelden zijn twee dochters, Barbara en Klaudia, de nalatenschap van hun vader. Voor een bedrag van 16.000 Lotharingse Franken liet de echtgenoot van Barbara zijn aandeel na aan Jakob von Rollingen, twee jaar later werd dit echter verkocht aan Ludwig von Nassau, de echtgenoot van Klaudia, zodat hij voortaan de enige eigenaar van het Fokkengut was. Om ervoor te zorgen dat geen van de twee kasteelheren inbreuk maakte op de rechten van de ander, spraken ze onderling af om voor eens en voor altijd hun wederzijdse rechten en plichten vast te stellen. Dit gebeurde op 02-08-1601 door een door beide partijen ondertekende akte op het kasteel van Grewen.

Hoewel Jakob veel bezig was zijn fortuin te vergroten en zijn huishouden te verfraaien, verloor hij het welzijn van zijn vaderland nooit uit het oog. De volgende twee incidenten in zijn leven zijn daar een uitstekend bewijs van.

In 1577 werd Luxemburg ingekwartierd door Duitse troepen onder leiding van generaal Frundsberg en kolonel Karl Fugger, die zeven infantere eenheden van elk 200 tot 300 man vormden. De troepen waren lange tijd niet betaald. Daarop beloofde Jakob von Rollingen met Johann von Wilz en de steden Luxemburg en Arel het achterstallige bedrag van 65.000 gulden te betalen aan het Fuggerregiment in dienst van de keizer. In de nacht van 24-11-1597 probeerden de Fransen, onder leiding van maarschalk Armand de Gontaut, baron van Biron, de stad Luxemburg in te nemen. Omdat het garnizoen van de stad op dat moment niet sterk was, namen de burgers zelf de wapens op. Aan hun zijde streden Jakob von Rollingen en Christoph von Criechingen, beide heren van Septfontaines, die zich door hun moed onderscheidden en zo bijdroegen aan het dwarsbomen van Birons plan en aan de redding van het land. Het is dan ook begrijpelijk dat Jakob in hoog aanzien stond bij graaf Peter-Ernst von Mansfeld, de toenmalige stadhouder van Luxemburg. Hij benoemde Jakob von Rollingen tot provoost van Ayel.

Toen Farnese in 1590 voorbereidingen trof om op campagne naar Frankrijk te trekken, vertrouwde deze het feitelijke bestuur van de Nederlanden toe aan Peter Ernst von Mansfeld. Na de dood van Farnese (december 1592) werd Mansfeld zelfs in de functie van landvoogd bekrachtigd. Von Mansfeld benoemde hierop Jakob von Rollingen als zijn plaatsvervanger in het hertogdom Luxemburg. Al in 1560 wordt Jakob genoemd als lid van de provincieraad. In 1588 werd hij benoemd tot voorzitter van de provinciale raad en op 22-03-1590 tot ridderrechter. Hij bekleedde deze twee functies tot aan zijn plotselinge dood op 24-10-1601, enkele uren nadat hij een vergadering van de Provinciale Staten had voorgezeten.

Uit dit huwelijk:

1. **Regina von Rollingen** (zie: 16.1);
2. **Peter Ernst von Rollingen** (zie: 16.2).

Het Grewenkasteel, ook wel Koericher Schloss (Luxemburgisch: Gréiweschlass).

François de Bassompierre, markies van Haroué en maarschalk van Frankrijk. Kopie van een 17de eeuws portret dat deel uitmaakt van het decor van de galerij van het Château de Beauregard.

Peter Ernst I van Mansfeld, graaf van Mansfeld-Vorderort, bevelhebber in het Spaanse leger van Vlaanderen en van 1592 tot 1594 waarnemend landvoogd van de Spaanse Nederlanden.

15.2   **Kaspar II von Rollingen**, geboren in circa 1473, overleden in circa 1523 te Septfontaines. Zoon van Heinrich von Rollingen en Elisabeth von Autel (zie: 14.5). Gehuwd in circa 1510 met **Eva von der Fels**, dochter van **Bernhard von der Fels** en **Beatrix van Merode**.

Kaspar was heer van Dagstühl en Septfontaines.

Uit dit huwelijk:

1. **Katharina von Rollingen** (zie: 16.3).

15.3   **Johann IV von Warsberg**, geboren in 1532, overleden op 22-08-1604. Zoon van **Johann III von Warsberg en Margaretha von Helmstatt (zie:** 14.6). Gehuwd met **Ursula von Schwarzenberg**, overleden in 1540 te Berus. Dochter van **Ludwig von Schwarzenberg** en **Schonetta von Landsberg**.

Johann was heer van Warsberg en burggraaf van Rheineck. Het geslacht Warsberg is in dit boek tot deze generatie uitgewerkt om weer te geven hoe de geslachten Rollingen en Warsberg (een zijtak van het geslacht Rollingen) in generatie 16 met Samson von Warsberg en Regina von Rollingen weer samenkomen.

Uit dit huwelijk:

1. **Margaretha von Warsberg**. Gehuwd in 1583 met **Wolff Krantz von Geispolsheim**;
2. **Barbara von Warsberg**. Gehuwd in 1583 met **Johann Schweickard**, vogt von Hunolstein;
3. **Samson von Warsberg** (zie: 16.1);
4. **Johann Philipp von Warsberg**, Domherr zu Mainz in 1595;
5. **Johann Lambert von Warsberg**, jong overleden;
6. **Johann von Warsberg**, domzanger te Worms vanaf 1621, overleden in 1653 (evenals zijn jongere broer Peter Ernst);
7. **Anna von Warsberg**. Gehuwd in 1597 met **Johann Philipp von Ruffel**;
8. **Magdalena von Warsberg**, gehuwd in 1603 met **Johann Paul Faust von Stromberg**;
9. **Franz Ludwig von Warsberg**, ambtman te Saarburg. Gehuwd in 1609 met **Kunegunda Elisabetha von Hattstein**. Hun kinderen sterven reeds vóór **Frans Ludwig**;
10. **Wilhelm von Warsberg**, jong overleden;
11. **Catharina von Warsberg**. Gehuwd in 1612 met **Herman Conrad von der Fels**;
12. **Walter von Warsberg**, jong overleden;
13. **Peter Ernst von Warsberg**, Domdecaan te Worms, overleden in 1653;
14. **Wilhelm Heinrich von Warsberg**, in 1609 ridder in de Johanniter Orde.

In het stadsmuseum van Worms zijn twee bijna vier-
kante pilasterfragmenten van roodgrijze zandsteen bewaard gebleven met aan drie zijden kapitelen en
opschriften (A,B), lopend in drie en twee regels, met
namen en jaartallen. Mogelijk waren dit pilasters van
een portaal. Uit de steenverzameling in de voormalige
klokkenkamer van de noordelijke toren van de Andreas-
kirche, waarschijnlijk uit het gebied van het kapittel van
de kathedraal. De pilasters bevatten de volgende takst:
A: "PETER / ERNST / VONWARß / BERG /
THOMBDECHANT / 1630"en B: "IOHAN V / ON
WAR/[BE]RG THVMB / SäNGER / 1630

Het familiewapen von Warsberg.

16.1 **Regina von Rollingen**, dochter van Jakob VII von Rollingen en Marguerite de Bassompierre (Bettstein) (zie: 15.1). Gehuwd in 1603 met **Samson von Warsberg**, heer van Warsberg en burggraaf von Rheineck, geboren in maart 1569 te Raville, overleden ná 1621. Zoon van **Johann IV von Warsberg**, heer van Warsberg en burggraaf von Rheineck, en **Ursula von Schwarzenberg** (zie: 15.3). Samson huwde (1) in 1594 met **Katharina Magdalena von Pallandt** (zie: 16.3).

Uit het huwelijk Warsberg – Rollingen:

1. **Magdalena von Warsberg**, geboren in circa 1604, overleden op 26-12-1647. Gehuwd in 1621 met **Philipp Balthasar von Dalberg**, geboren in circa 1597, overleden op 10-04-1639. Zoon van **Wolfgang Friedrich von Dalberg** en **Ursula von Kerpen**. Samen kregen zij 3 kinderen;
2. **Johann Philipp von Warsberg**, heer van Warsberg en burggraaf van Rheineck. Zijn zoon zou verheven worden tot Freiherr von Warsberg. Gehuwd met **Maria Margaretha Metternich**, geboren in 1622, overleden in 1665. Dochter van **Johann Gerhard Metternich** en **Maria von der Leyen**. Samen kregen zij 2 kinderen.

Uit het huwelijk Warsberg – Pallandt:

3. **Anna Maria von Warsberg**. Gehuwd in 1622 met **Adolf van Eynatten**, heer van Neuburg, Gulpen en Margraten, overleden in 1654. Zoon van **Frans van Eynatten** en **Elisabeth van Hoemen**. Samen kregen zij 1 zoon.

Burcht Rheineck omstreeks 1860. Litho uit de Collectie van Alexander Duncker.

Burg Wincheringen, ook wel Burg Warsberg. De waterburcht werd gebouwd door de heren van Wincheringen en voor het eerst vermeld in 1333. In 1357 werd het kasteel in leen gegeven aan de heren (later Freiherren) von Warsberg die het tot het einde van de 18de eeuw in hun bezit hielden.

Familiewapen van het geslacht Eynatten.

16.2   **Peter Ernst von Rollingen**, overleden op 14-03-1623. Zoon van Jakob VII von Rollingen en Marguerite de Bassompierre (Bettstein) (zie: 15.1). Gehuwd met **Anna Ottilia von Pallant**. Dochter van **Hartard von Pallant**, heer van Wiebelskirchen, Lindenberg und Wildenburg, en **Anna von Flodorff** (zie: 16.3).

Peter Ernst werd vernoemd naar de beroemde graaf Peter Ernst von Mansfeld, een persoonlijke vriend van zijn vader (zie: 15.2). Peter Ernst was heer Ansembourg en Körich, een kwart van Septfontaines en delen van Dagstühl, Rollingen en Milberg. Via zijn vrouw was hij tevens heer van Daelenbroeck. Ook was hij erfmaarschalk van het hertogdom Luxemburg en het graafschap Chiny, Domherr zu Trier, Minden en Speyer.

Peter Ernst huwde Anna Ottilia von Pallant en kwam zo in bezit van een deel van Daelenbroeck (Dalenbroich). In 1615 erfde hij via zijn vrouw tevens een deel van Wildenburg. Na zijn dood zouden zijn drie zonen elke 1/27 ste deel krijgen van Wildenburg.

Uit het huwelijk van Hattard van Pallandt en Anna van Flodorff (Vlodrop) werden twee dochters geboren. De oudste huwde met Peter Ernst. De jongste, Katharina Magdalena (zie: 15.1), huwde met Samson von Warsberg. Beide zwagers bezaten de heerlijkheid onverdeeld, maar omdat Peter Ernst gehuwd was met de oudste dochter werd hem het recht toegekend het slot te bewonen en de heerlijke rechten uit te oefenen.

Na zijn dood kwam zijn helft van de heerlijkheid in bezit van zijn drie zonen, de oudste, Johann Franz, komt spoedig in conflict met baron Adolf van Eynatten, gehuwd met de enige dochter van Samson von Warsberg uit het huwelijk met Katharina Magdalena (zie: 16.1) en zodoende eigenaar van de andere helft. Dit was het begin van een proces over het eigendomsrecht wat meer dan 80 jaar zou duren. Uiteindelijk werd in 1707 door bemiddeling van de gedeputeerde staten van de Republiek der Verenigde Nederlanden een overeenkomst tot stand gebracht. Hierbij wordt het kateel aan Johann Ernst van Rollingen (kleinzoon van Johann Franz) toegewezen. Na deze uitspraak laat Johann Ernst een deel van de inmiddels vervallen voorburcht opknappen. De sluitsteen van een boog boven de poort in de zuidoostelijke woonvleugel herinnert nog aan deze verbouwing: onder het wapenschild van de von Rollingen is het jaartal 1707 uitgehouwen. Het hoofdgebouw was toen al een ruïne. Na de dood van Johann Ernst von Rollingen verkoopt zijn achterneef en naaste bloedverwant, Lothar Friedrich Freiherr von Rollingen (zie: 18.1) op 05-08-1727 het kasteel en de heerlijkheid voor 75.000 pattacons aan baron Frederik Victor de Meer d'Osen.

In Luxemburg was Peter Ernst nauw betrokken bij de bouw van de jezuïetenkerk. Onder zijn bewind werd ook de nieuwe parochiekerk van Körich gebouwd. Ondanks zijn fortuin en de inkomsten uit zijn verschillende activiteiten, stierf hij in 1623 zwaar in de schulden. In de parochiekerk in Körich vond Peter Ernst von Rollingen, wiens familie een belangrijke rol speelde in het Eischdal, zijn laatste rustplaats naast de beenderen van zijn vrouw Anna von Pallant.

Uit dit huwelijk:

1. **Johann Franz von Rollingen** (zie: 17.1);
2. **Peter Ernst von Rollingen**, Domherr te Trier, overleden in circa 1626;
3. **Claudia Margaretha von Rollingen** (zie: 17.2)
4. **Katharina von Rollingen**;
5. **Dorothea von Rollingen** (zie: 17.3);
6. **Florenz Ernst von Rollingen** (zie: 17.4);
7. **Otto Hartard von Rollingen** (zie: 17.5).

Pentekening uit 1738 van 't Hujs Daelen Broek in 't gu-
liksche door Jan de Beijer.

Burg Wildenburg in Friesenhagen in Rijnland-Palts.

71

*Afbeelding links het epitaaf van Peter Ernst von Rol-
lingen en afbeelding rechts het epitaaf van Anna Ottilia
von Pallandt in de parochiekerk te Körich.*

16.3 Katharina von Rollingen, geboren in circa 1510, overleden in 1555. Dochter van Kaspar II von Rollingen en Eva von der Fels (zie: 15.2). Gehuwd met **Daem van Pallandt**, heer van Wildenburg en Wiebelskirchen, geboren in circa 1500, overleden in 1565. Zoon **van Johann III van Pallandt** en **Cecilia von Hompesch**.

Katharina was erfvrouwe van Dagstühl en Septfontaines.

Uit dit huwelijk:

1. **Hartart von Pallandt**, heer van Wildenburg, Wiebelskirchen en Lindenberg, geboren circa 1540, overleden 1629. Gehuwd (1) in circa 1560 met **Anna von Flodorff**, geboren in circa 1545, overleden in 1584. Dochter van **Wilhelm von Flodorff** en **Johanna von der Fels**. Uit het eerste huwelijk werden 2 dochters geboren: **Katharina Magdalena**. Zij huwde met **Samson von Warsberg** (zie ook: 16.1) en **Anna Ottilia**. Zij huwde met **Peter Ernst von Rollingen** (zie: 16.2). Gehuwd (2) in 1591 met **Magdalena von Reiffenberg** (hieruit 1 dochter);

2. **Eva von Pallandt**, overleden op 29-04-1569. Gehuwd in circa 1560 met **Johann Caspar Michael von der Leyen**, geboren ná 1524, overleden op 27-11-1577. Zoon van **Bartholomeus von der Leyen** en **Katharina von Pallandt**. Samen kregen zij 1 zoon.

17.1 **Johann Franz Freiherr von Rollingen**, overleden in 1656. Zoon van Peter Ernst von Rollingen en Anna Ottilia von Pallant (zie: 16.2). Gehuwd met **Margaretha von Dadenberg**, overleden ná november 1644. Margaretha huwde (1) met **Heinrich Werner zu Gymnich**, heer van Gymnich, overleden vóór 07-05-1617 Zoon van **Adolf von Gymnich** en **Anna Katharina von Gymnich**.

Vanaf de zeventiende generatie werden leden van het geslacht Rollingen vermeld als Freiherr.

Johann Franz was heer van delen van Ansembourg, Körich, Septfontaines, Dagstühl, Rollingen, Milberg, Daelenbroeck en Wildenburg. Tevens was hij erfmaarschalk van het hertogdom Luxemburg en het graafschap Chiny.

Zijn vader liet na zijn overlijden veel schulden na. Johann Franz verkocht daarom enkele landgoederen om zijn financiën te verbeteren en verpandde zijn deel van Körich. Eerst aan een zekere heer van Mouzay, daarna in 1641 aan de graaf van Suys. Het landhuis bleef bijna een eeuw in het bezit van de familie von Suys. De opvolgers van Peter Ernst, Johann Franz, Florenz Hartard en tenslotte Johann Ernst behouden wel de titel heer van Rollingen en Körich.

Uit het huwelijk Rollingen – Dadenberg:

1. **Florenz Hartard Freiherr von Rollingen** (zie: 18.1);

2. **Heinrich Freiherr von Rollingen** (zie: 18.2),

Uit het huwelijk Gymnich – Dadenberg:

1. **Adolph Freiherr von und zu Gymnich**, gehuwd met **Sophia Margaretha Wolff-Metternich zur Gracht**. Samen kregen zij 1 zoon;
2. **Werner Freiherr von und zu Gymnich**. Gehuwd met **Maria Anna**. Samen kregen zij 1 zoon.

Het wapen van het geslacht Rollingen zoals opgenomen in Siebmachers Luxemburgse adel. Opvallend is het kussentje waarop de pauwennek rust.

17.2 Claudia Margaretha von Rollingen, dochter van Peter Ernst von Rollingen en Anna Ottilia von Pallant (zie: 16.2). Gehuwd met **Johann Martin von Brouchoven**, heer van Hollenfels en Arendonck, overleden in mei 1673. Zoon van **Peter von Brouchoven** en **Lucia von Hohenstein**. Martin was een broer van **Maria Anna von Brouchoven** (zie ook: 17.6).

Uit dit huwelijk:

1. **Marie Anne Hyacinthe von Brouchoven**, erfvrouwe van Hohenfels. Gehuwd met **François de Bryas**. Samen 1 zoon;
2. **Lucie de Brouchoven**, dame de Septfontaines. Gehuwd met **Charles Alexandere de Berghes de Sint Wijnoxbergen (de Saint-Winock)**, 2de prins van Rache (in opvolging van zijn broer Eugène). Zoon van **Philippe de Sint Wijnoxbergen**, heer van Rache, en **Marie-Françoise van Halewijn**. Samen kregen zij 2 kinderen.

Familiewapen van het geslacht de Berghes de Sint Wijnoxbergen.

17.3   **Dorothea von Rollingen**, overleden vóór 1659. Dochter van Peter Ernst von Rollingen en Anna Ottilia von Pallant (zie: 16.2). Gehuwd met **Gottfried von und zu Eltz**, heer van Clervaux en Wolmeringen, overleden op 17-09-1631. Zoon van **Godefroi d'Eltz**, heer van Üttingen, Wolmeringen, Ennery, Clervaux en Kumeringen, en **Elisabeth de Heu**, erfvrouwe van Clervaux.

17.4   **Florenz Ernst Freiherr von Rollingen**, zoon van Peter Ernst von Rollingen en Anna Ottilia von Pallant (zie: 16.2). Gehuwd op 13-12-1633 met **Anna Margaretha von der Felz**, dochter van **Johann Georg von der Felz** en **Maria von Metternich zu Burscheid**.

Florenz Ernst was heer van delen van Ansembourg, Körich, Daelenbroeck en Wildenburg. Omdat zijn vader veel schulden had nagelaten verkochten de drie broers enkele landgoederen om hun financiën te verbeteren.

In 1624 gaf Florence de Raville (Florenz), heer van Ansembourg, de broers Thomas en Nicolas Bidart uit Dinant toestemming een ijzerfabriek in het dorp te bouwen. Ze werden zeer rijk en Thomas Bidart werd al snel de man met het hoogste inkomen en de hoogste belasting in het hele hertogdom Luxemburg. Tussen 1639 en 1647 liet hij in het Eischdal het kasteel Ansembourg bouwen. Florenz kwam echter in steeds grotere financiële problemen, mede door belegeringen op zijn bezittingen door Franse troepen. Bidart leende hem het broodnodige geld en nam uiteindelijk in 1671 de burcht over met de hele heerschappij van Ansembourg.

Uit dit huwelijk:

1. **Franz Ernst Freiherr von Rollingen** (zie: 18.3);
2. **Heinrich Hartard Freiherr von Rollingen** (zie: 18.4).

Link shet familiewapen van het geslacht Vonder Feltz (von der Fels). Rechts het familiewapen van het geslacht Metternich.

78

17.5 **Otto Hartard Freiherr von Rollingen.** Zoon van Peter Ernst von Rollingen en Anna Ottilia von Pallant (zie: 16.2). Gehuwd met **Maria Anna von Brouchoven**, dochter van **Peter von Brouchoven** en **Lucia von Hohenstein**. Zuster van **Johann Martin von Brouchoven**, heer van Hollenfels und Arendonck van (zie ook: 17.2).

Omdat zijn vader veel schulden had nagelaten verkochten de drie broers enkele landgoederen om hun financiën te verbeteren. Dit betekende echter het begin van het einde voor wat betreft de heerschappij van de familie in Luxemburg.
Otto was heer van delen van Ansembourg, Körich, Daelenbroeck en Wildenburg. Otto wordt ook vermeld als heer van Milberg. Op 06-06-1654 erfde Marsilius von Pallandt het aandeel van Wildenburg van Otto.

Uit dit huwelijk:

1. **Claudia Margareta von Rollingen.** Gehuwd (1) met **Jean Engelbert de Seraing**, baron de Hollogne. Gehuwd (2) met **Nicolas Bodelet.**

18.1 **Florenz Hartard Freiherr von Rollingen**, overleden op 12-10-1692. Zoon van Johann Franz
Freiherr von Rollingen en Margaretha von Dadenberg (zie: 17.1). Gehuwd (1) in 1662 met
Johanna Maria Schetz van Grobbendonk.
Dochter van **Anthonie Schetz van Grobbendonk**, graaf van Grobbendonk, en **Maria van
Malsen**, vrouwe van Tilburg. Gehuwd (2) in
1670 met **N.N. von Hoterson**, afkomstig uit
Schotland. Von Hoterson huwde (1) met **N.N.
(von) Stein-Callenfels**, Gouverneur zu Mastricht.

Florenz Hartard was heer van Dagstühl, Daelenbroeck, Wildenburg en Körich. Florenz was tevens erfmaarschalk van het hertogdom Luxemburg en het graafschap Chiny. In processtukken
wordt Florenz ook nog heer van Septfontaines
en Warden genoemd.
  Via zijn vader verkreeg hij 1/27ste deel van
Wildenburg wat in 1654 via verdere erfenissen
werd vermeerderd tot de helft van het bezit van
Wildenburg. Op 06-06-1654 erfde Marsilius IV
von Pallandt het aandeel van Otto von Rollingen
waarmee hij eigenaar werd van de andere helft
van Wildenburg.

Uit het eerste huwelijk:

1. **Johann Ernst Freiherr von Rollingen**
   (zie: 19.1);
2. **Charlotte Hyacinthe Florence von
   Rollingen**. Gehuwd met **Gerard Assuerus**

de Horion, baron de Horion, heer van
Colonster, Angleur, Pol en Panheel, Heel,
Heythuysen, Vrijmersum en Odenkirchen,
Hoogschout en souverein officier van de stad
Luik, drossaard van het Graafschap Horn,
kamerheer van Hendrik van Beieren, prins-
bisschop van Luik, geboren in circa 1658,
overleden op 27-12-1731 te Heythuysen,
begraven op 28-12-1731 te Heel. Gerard
Assuerus huwde (2) met **Justina Helena
van Bentinck**, vrouwe van Bentinck,
Limbricht en Odenkirchen, dochter van
Wolfgang Wilhelm von Bentinck, heer van
Walraedt, en **Cecilia von Breyll**. Uit het
eerste huwelijk 1 zoon. Uit het tweede
huwelijk 8 kinderen.

Het goed Wildenburg in de Eifel.

*Alliantiewapen de Horion – de Raville (von Rollingen)
boven de poortdoorgang op kasteel Heel.*

Tekening van kasteel Heel uit 1754.

18.2   **Heinrich Freiherr von Rollingen**. Zoon van Johann Franz Freiherr von Rollingen en Margaretha von Dadenberg (zie: 17.1).

Heinrich was heer van delen van Dagstühl, Daelenbroeck, Körich en Wildenburg. In 1681 ging zijn aandeel in Wildenburg over op zijn broer Florenz Hartard (zie: 18.1).

18.3   **Franz Ernst Freiherr von Rollingen**, zoon van Florenz Ernst Freiherr von Rollingen en Anna Margaretha von der Felz (zie: 17.4). Gehuwd met **Anna Katharina Louisa von Harff zu Drimborn**, dochter van **Damian Salentin von Harff zu Drimborn** en **Margaretha Alexandrina von Honsbruch**.

Franz Ernst was Churfürstlich Mainzischem Oberstallmeister, Kämmerer und Obrist-Lieutenant. Hij was heer van delen van Körich en Daelenbroeck. Er was weinig bekend geweest over het leven van Franz Ernst ware het niet dat hij twee zoons had die carrière maakten binnen de Katholieke kerk en een zoon had die in een laatste tevergeefse poging probeerde de familie weer op de kaart te zetten.

Uit dit huwelijk:

1.   **Lothar Friedrich Freiherr von Rollingen** (zie: 19.1);

2. **Karl Wolfgang Henrich Freiherr von Rollingen** (zie: 19.2);
3. **Johann Ferdinand Friedrich Freiherr von Rollingen** (zie: 19.3);
4. **Johann Philipp Freiherr von Rollingen** (zie: 19.4).

Epitaaf van Anna Katharina Louisa von Harff in de St.Peter und Alexander kirche te Aschaffenburg. Voorzien van de volgende tekst: "ANNO 1692 DEN 12. OCTOB(RIS) IST IN GOTT SELIG ENTSCHLAFFEN DIE HOCHWOHLGEBOR(E)NE ANNA CATHARI(NA) LOUISA FREYFRAW V(ON) ROLLINGEN GEBOR(E)NE FREYFREULE(I)N V(ON) HARFF ZV DRINBORN IHRES ALTERS 36 IAHR DEREN SEEL(E) GOTT DIE EWIGE RVHE VERLEY(H)EN WOLLE. Steh still O Mensch, bedenk(e) des lebens schnödigkeit, wie baldt ein früher Todt es ku(e)rze vor der Zeit, was du bist, war ich auch, was ich bin, wirst du werden, du mus(s)t spa(e)th oder baldt auch under diese erden, drumb leb ietz(t) also, das(s) du Gott in iener stundt kan(n)st rechnung geben, von dem anvertrauten pfundt."

Het epitaaf is voorzien van een alliantiewapen von Rollingen - von Harff zu Drimborn. Daarnaast is het epitaaf voorzien van een kwartierstaat met de wapens: linksboven von Harff zu Drimborn, linksonder von Binsfeld (Beinsfelt), rechtsboven: von Hoensbroech (Hunsbruch), rechtsonder: von Buchholts (Bucholtz).

De onderste vuer wapens behoren tot de geslachten: von Metternich, von Harff, Print von Horchheim (v. Horcheim) en von Gymnich.

18.4   **Heinrich Hartard Freiherr von Rollingen,** geboren op 13-12-1633 te Ansembourg, overleden op 30-11-1719 te Speyer. Zoon van Florenz Ernst Freiherr von Rollingen en Anna Margaretha von der Felz (zie: 17.4).

Heinrich Hartard was van 26-02-1711 tot 30-11-1719 de 75ste Prins Bisschop van Speyer en Prins Provoost van Weißenburg.

Heinrich Hartard werd geboren op het kasteel van Ansembourg, studeerde als jongen aan het Collegium Germanicum in Rome en werd daar in 1658 tot priester gewijd. In 1661 was hij al kanunnik in Trier. Op 31-10-1662 ging hij aan de slag in Speyer, in 1676 werd hij koorbisschop in Trier.

Nauwelijks was Johann Hugo von Orsbeck op 16-07-1675 tot bisschop van Speyer benoemd of zijn oom, Karl Kaspar von der Leyen, bisschop en keurvorst van Trier, overleed op 04-06-1676 waardoor hij zijn Koadjutor met het recht van opvolging werd. Bisschop Orsbeck verliet daarom Speyer voor altijd en keerde slechts één keer terug, namelijk in 1677 in verband met zijn huldiging.

Op 13-08-1676 benoemde de bisschop de Domherr van Speyer, met bisschopswijding, Heinrich Hartard von Rollingen, als zijn stadhouder. In 1688 werd hij bevorderd tot Speyerer Domdekan en vanaf 1692 was hij ook Generalvikar van het bisdom Speyer. Onder zijn stadhouderschap veroverde Frankrijk in 1680 delen van het prinsbisdom ten zuiden van de Queich in de Elzas en verwoestte het bisdom en de stad Speyer in de Pfalz Successieoorlog. In 1689 liet Joseph de Montclar Speyer volledig afbranden, waardoor alleen het oostelijke werk en een deel van het schip van de kathedraal overbleven. In de periode die volgde zou ook dit restant worden opgeblazen. Het is de grote verdienste van Hartard von Rollingen dat hij dit met al zijn ijver probeerde te voorkomen en er uiteindelijk in slaagde de overblijfselen van de kathedraal voor de dienst veilig te stellen en te restaureren. Rollingen wordt beschouwd als een van de belangrijkste redders en beschermers van de kathedraal van Speyer in zijn duizendjarige geschiedenis. Hij liet ook gedetailleerde verslagen achter van de stadsbrand, evenals de verwoesting en heiligschennis die plaatsvonden; zo schrijft hij dat de Fransen zelfs de graven van recent overleden mensen in de kathedraal hebben opengebroken en de ontbindende lijken gewoon op straat hebben gegooid.

Na de dood van bisschop Orsbeck koos het kapittel van de kathedraal op 26-02-1711 unaniem de Generalvikar en stadhouder Heinrich Hartard von Rollingen tot bisschop van Speyer. Op dat moment was hij al 77 jaar oud. De verkiezing werd op 26-09-1712 door de paus bevestigd. Op 09-09-1714 ontving Heinrich de bisschopswijding van de hulpbisschop van Mainz, Johann Edmund Freiherr Gedult von Jungsenfeld. Peter Cornelius Beyweg en de Würzburgse hulpbisschop Johann Bernhard Mayer traden op als mede-consecrators. In zijn kerkgeschiedenis van de Palts typeert prelaat Ludwig Stamer hem als een "geleerde, welbespraakte, slimme bisschop met vele jaren praktische ervaring, die onvermoeibaar werkte, hoewel het succes bijna altijd werd ontkend vanwege de macht van politieke omstandigheden."

Bisschop Rollingen beheerste Latijn, Italiaans en Frans, evenals zijn moedertaal Duits. In religieuze vraagstukken vertegenwoordigde hij een consistente en kerkgetrouwe lijn. Persoonlijk leefde hij eenvoudig en bescheiden. Heinrich Hartard zei over zichzelf dat hij waarschijnlijk "meer in zijn leven had geschreven dan op een vierwielige wagen kan worden geladen."

In het voorjaar van 1716 kwam de ontevredenheid onder de burgers om hun strijd voor stadsrechten tot uiting in een belegering van de bisschoppelijke residentie door de burgers van Speyer. 3.000 bisschoppelijke boeren stormden vanuit de omliggende dorpen naar binnen en ontwapenden de betrokken burgers. Heinrich Hartard zocht hulp en wendde zich tot de keurvorst van Mainz, Lothar Franz von Schönborn, die gebruik maakte van de situatie om de positie van de familie Schönborn in Speyer te versterken en er bij Heinrich Hartard op aandrong een koadjutor aan te stellen in de persoon van Damian Hugo Philipp von Schönborn-Buchheim.

Kort voordat hij op 86-jarige leeftijd stierf vond hij het moeilijk om zijn officiële taken uit te voeren, en veel taken bleven onverricht, wat hij openlijk en verontschuldigend meermaals toegaf aan zijn koadjutor en opvolger. Na zijn overlijden werd Heinrich Hartard bijgezet in de Dom te Speyer.

Gevelsteen uit 1718 op de gevel van de St. Barbara kerk te Hainfeld met het wapen van prins Bisschop von Rollingen.

Portret van Heinrich Hartard von Rollingren in de Universitätsbibliothek Leipzig.

Prins Bisschop Heinrich Hartard von Rollingen,
portret te Schloss Bruchsal.

Afbeelding van Heinrich Gartard von Rollingen in het boek: Fehde der Stadt Speyer uit 1830.

Tumult in Speyer anna 1716. Prins Bisschop von Rollingen laat „einige Bürger niederschiessen" Originele kopergravure bevindt zich in de Bildersaal te Nürnberg.

Gouden dukaat met de afbeelding van Heinrich Hartard von Rollingen.

19.1 **Johann Ernst Freiherr von Rollingen**, overleden vóór oktober 1717 (toen zijn weduwe hertrouwde). zoon van **Florenz Hartard Freiherr von Rollingen** en **Johanna Maria Schetz van Grobbendonk** (zie: 18.1). Gehuwd met **Maria Albertine Gräfin von Berlo-Quabeck**. Maria Albertine huwde (2) in oktober 1717 met **Johann Conrad Freiherr von Redinghoven**, Hofrat.

Johann Ernst was heer van Körich, Wildenburg en Daelenbroeck, erfmaarschalk van het hertogdom Luxemburg en het graafschap Chiny, Johann Ernst verkreeg de helft van Wildenburg in opvolging van zijn vader maar verkocht dit op 14-05-1706 aan Johann Friedrich von Schaesberg die daarmee de enige heer van Wildenburg werd.

Na een lange juridische strijd om Daelenbroeck (zie: 16.2) verkreeg Johann Ernst in 1707 het kasteel en de heerlijkheid. Na deze uitspraak liet Johann Ernst een deel van de inmiddels vervallen voorburcht opknappen. De sluitsteen van een boog boven de poort in de zuidoostelijke woonvleugel herinnert nog aan deze verbouwing: onder het wapenschild van de von Rollingen is het jaartal 1707 uitgehouwen. Het hoofdgebouw was toen al een ruïne. Na de dood van Johann Ernst verkoopt zijn achterneef, en naaste bloedverwant, Lothar Friedrich Freiherr von Rollingen (zie: 19.2) op 05-08-1727 het kasteel en de heerlijkheid voor 75.000 pattacons aan baron Frederik Victor de Meer d'Osen. In 1714 had Johann Ernst reeds alle rechten van Körich overgedragen aan zijn neef Lothar Friedrich.

In 1722 voerde Lothar Friedrich nog een proces tegen Johann Conrad Freiherr von Redinghoven, de nieuwe echtgenoot van Maria Albertine Gräfin von Berlo-Quabeck om betaling van zijn schulden af te dwingen. Het lijkt er dus op dat de overdracht van de erfenis niet geheel vlekkeloos verliep.

19.2 **Lothar Friedrich Freiherr von Rollingen**, overleden op 06-05-1735. Zoon van Franz Ernst Freiherr von Rollingen en Anna Katharina Louisa von Harff zu Drimborn (zie: 18.3). Gehuwd met **Helena Charlotta von Thüngen**.

Lothar was heer van Körich en Daelenbroeck. Hij was erfmaarschalk van het hertogdom Luxemburg en het graafschap Chiny, Churfürstlich Mainzischem Oberstallmeister en Geheime Hofrat.

Het verlies van al hun familielandgoederen in het Eischtal hield hem continu bezig. Lothar Friedrich had zich dan ook voorgenomen de heerschappij van Septfontaines weer in bezit te krijgen. Daartoe ging hij in onderhandeling met de huidige eigenaar, Thomas de Marchant, maar deze waren niet succesvol.

Daarna richtte hij zijn aandacht op een ander familielandgoed, namelijk dat van Körich. Op

22-12-1714 kocht hij het deel van Körich dat in eigendom was van zijn neef Johann Ernst von Rollingen (zie: 18.1). Voordat hij zich heer van Körich kon noemen moest hij echter verschillende rechtszaken voeren met de familie van de graaf van Suys, de eigenaar van het kasteel te Körich, wat in zijn nadeel uitviel. De pandrechten op de heerlijkheid van Körich behoorden toe aan de Gravin van Lagnasko, geboren Wallenstein en rechtsopvolgster van de Gravin van Suys. Lothar Friedrich kwam in contact met haar wat ertoe leidde dat de gravin van Lagnasko hem op 01-12-1722 al haar rechten op het landgoed Körich verkocht. Blijkbaar beschikte hij niet over voldoende financiële middelen om deze koop rond te krijgen. In het Landesarchiv Baden-Württemberg is namelijk een akte bewaard gebleven waarin is opgenomen dat hij 30.000 Gulden leent van de Prins Bisschop van Speyer, zijn oom Heinrich Hartard (zie: 18.4).

Vanaf dat moment droeg Lothar Friedrich net als zijn voorouders wederom de titel "Herr von Körich".

Na het overlijden van Johann Ernst verkrijgt Lothar als naaste bloedverwant tevens de heerlijkheid Daelenbroeck. Op 05-08-1727 verkoopt hij het kasteel en de heerlijkheid voor 75.000 pattacons aan baron Frederik Victor de Meer d'Osen. In 1728 liet hij van de opbrengst de zuidelijke vleugel van het kasteel te Körich in barokstijl ombouwen.

Lothar werd benoend tot Churfürstlich Mainzischem Geheime Hofrat. Van 1728 tot 1733 liet
Lothar Friedrich tevens de Rollingscher Hof te
Mainz bouwen, een residentie voor wanneer zij
daar verbleven, de architect hiervan was Anselm
Franz von Ritter zu Groenesteyn. Lothar kreeg
voor de bouw Realfreiheit, dat wil zeggen vrij
van alle belastingen, het gebouw werd zo een
Freihof. Na het overlijden van Lothar Friedrich
kocht Anton Heinrich Friedrich von Stadion het
gebouw in 1737 op een veiling. Na de verande-
ring van eigenaar werd het gebouw omgedoopt
tot Stadioner Hof.

Lothar Friedrich stierf als laatste mannelijke
telg van zijn geslacht in 1735 te Mechelen
zonder enig nageslacht. Zijn vrouw liet op 16-
05-1735 een inventaris van de bezittingen en
schulden van de nalatenschap van haar man op-
maken door de eerwaarde Johann-Franz Dethier,
kapelaan van Körich en secretaris van wijlen
Lothar Friedrich. De inventaris begint met huizen, liggende landgoederen en molens, eerst
wordt de Rollingscher Hof te Mainz beschreven: een groot nieuw gebouwd huis met drie
verdiepingen op de tweede verdieping zijn er
enkele kamers waar de timmerman nog niet is
begonnen. Het zou meer dan 60.000 gulden hebben gekost om de hof daadwerkelijk te bouwen.
Talloze huizen en goederen in andere plaatsen
volgen, dan uitstaand kapitaal, contant geld,
wijn, zilver, linnengoed, bedden, voorwerpen
gemaakt van verschillende metalen gevolgd door

"allerlei". De lijst van "Mahlereyen" strekt zich uit over 10 ½ bladzijden.

Een deel van de bezittingen werd nagelaten aan de kinderen van zijn broer Johann Phillip (zie: 19.5) een ander deel bleef eigendom van Helena Charlotta. Als Churfürstlich Mainzischem Oberstallmeisterin schonk zij een kostbare ring die het echtpaar had gekregen van Rooms Koning Joseph I. Na haar overlijden in 1738 ging haar vermogen naar haar twee kinderen uit haar eerste huwelijk met de **Freiherr Schloederer von Lachen**.

De Rollingscher Hof te Mainz.

Het trappenhuis in de Rollingscher Hof.

*Op de volgende bladzijden: inventaris van de nalaten-
schap van Lothar Friedrich Freiherr von Rollingen
(verkocht in 2020 bij boek en kunst antiquariaat Reiss
& Sohn).*

schreiben haben, wie folgt,
das inventarium haben auch
wohlmentionirtes frey-
herrn von Rollingen
nachgelassen Vorgelebten

als
Häußern, liegenden Güttern und
Mühlen.
In Mainz

R ... großes Bürgerhauses ...
... sehr haust auf das
... an die ...
... herzoglichen ...
... blaue häußer,
samt Stallung über 12 Pferd
... hat es in Mainz,
... ist in einigen Zimmern,
... ... noch nicht an-
gemacht, ... zu bauen
... ... über 60000 gld.

Actum Mayntz den 16 May
1735

Nachdemmaßen dem herstell
oberfürstliche Ritters schafft am
Niederrhein ... ...
... ... worden,
... niederlande Mit Z.
Verstorbenen, Reichs hoch
hochwürdige bochen freien Her
Lotharÿ Frederici freÿ Herrn
von Rollingen Chur Mayntz
... gehenden Raths aus bürg
gehalten zu Martinsburg his
... ... Effeate
... bei ... zu inven
tieren, als hier ingten mich
an sit den 16 May ünbel
anfang dardt hiernach zu
seo quadr des ... ...
fürst von Rollingen,
welcher ich meine ...
...
... aus dem ...
... ...
... ...
Extr. adu protocolli legitimir

1 ... gemahlt von Franz
   Floris ... ist gefaßt
   von Masto Dassavede

2 ... von Jordaens gemahlt

3 ein Stück ... ist ein Blumen Stück
   Votti

4 die Flora von beverchard ...

5 Mutter gottes ... von Paule
   ... in güldenen ...

6 hylliger Ignatius, ...
   ...
   von Rubens in güldenen ...

7 ... Lather Vatter ... von
   albrecht Dür

8 Venetianisch Carneval in schwartz
   ... von fraunt

9 ein Blumen Stück von Werths

10 ein Blumen Stück oder Krantz in
   Korb von Brugel

11 ein Historia aus dem orden, auf
   welche Mahlerey ...
   ... von ...

12 ein Jagd Stück ...
   von ... in schwartz
   ...

Der gnädigen Frau von Holtzing [?] R. x
zu bringen

an

baarem geld.

[...] hat die gnädige Frau [...]
zum [...] gelt [...] eingebracht
[...] tausend gulden — — — 6000

[...] hat dieselbe [...]
so dem [...] von dem [...]
vermachte FideiCommiss gelden
ad [...] tausend fünff
hundert gulden, besonders [...]
eingebracht — — — — 19500 —

an Jubelen
ein Carcand mit Diamanten, bestezt
ein Creütz sambt dem Cülon [...]
[...] Diamanten,
[...] [...] [...]
Diamanten.

Pro Copia Inventarij In fidem
[...] Franciscus Teütsch [...]
[...] Registrator

19.3 **Karl Wolfgang Henrich Freiherr von Rollingen**, geboren op 06-10-1676, overleden op 16-04-1730 te Speyer, Zoon van Franz Ernst Freiherr von Rollingen en Anna Katharina Louisa von Harff zu Drimborn (zie: 18.3).

Karl Wolfgang Henrich was Domherr zu Mainz, Trier und Speyer. Op 18-01-1683 werd hij beëdigd als toekomstig kanunnik in Speyer, op 05-03-1685 als zodanig in Mainz. In beide bisdommen promoveerde hij op ongeveer 30-jarige leeftijd tot kanunnik. Hij bekleedde deze functie ook in Speyer in 1711 rond de tijd dat zijn oom Heinrich Hartard von Rollingen daar tot Prins Bisschop werd gekozen. Als kanunnik was de neef betrokken bij de verkiezing van zijn oom, die op 26-02-1711 plaatsvond in het Stephanschor van de kathedraal van Speyer.

Vanaf circa 1716 fungeerde Karl Wolfgang als Domscholaster te Speyer (leidinggevende van de school) en later ook als provoost van het Allerheiligenklooster. In het bisdom Trier was hij van 1713 tot aan zijn dood kanunnik en jarenlang ook eigenaar van de parochiepoort St. Andreas in Altrich. Op 29-07-1721 werd Karl Wolfgang beëdigd als Chorherr in het klooster van St. Ferrutius in Bleidenstadt.

Hij was een van de naaste medewerkers van zijn oom de Prins Bisschop. Beiden worden beschouwd tot de belangrijkste redders en beschermers van de kathedraal van Speyer tijdens de Negenjarige Oorlog (Pfälzische Erbfolgekrieg).

Na de dood van zijn oom in 1719 woonde Karl Wolfgang in diens paleis aan de Kleine Pfaffengasse 10. Zijn epitaaf met portret is in de kathedraal van Speyer aangebracht (schip, noordmuur).

Portret van Karl Wolfgang Henrich Freiherr von Rollingen op zijn epitaaf.

Epitaaf van Domherr Karl Wolfgang Henrich Freiherr von Rollingen in de Dom van Speyer.

*Het familiewapen von Rollingen op het epitaaf van Karl
Wolfgang Henrich Freiherr von Rollingen.*

19.4 **Johann Ferdinand Friedrich Freiherr von Rollingen**, overleden in 1735, Zoon van Franz Ernst Freiherr von Rollingen en Anna Katharina Louisa von Harff zu Drimborn (zie: 18.3).

Johann Ferdinand Friedrich was vanaf 1700 Domherr zu Trier und Speyer.

Op het plafond van de apsis van de voormalige Rollingen kapelle te Trier zijn vier wapenschilden aangebracht (onder) links: wapen van het kathedraalkapittel, (onder) rechts: wapen van de bisschop van Trier Dr. Franz Rudolf Bornewasser, (boven) links: wapen van Johann Ferdinand Friedrich Freiherr von Rollingen (de curie werd lange tijd naar hem vernoemd) en (boven) rechts: Wapen van kanunnik Dr. Heinrich von Meurers, curie-eigenaar en vicaris-generaal.

De aangebrachte wapens herinneren aan de gelegenheid op 10-12-1941 (Feest van St. Eucharius) toen het altaar van de kapel voor de derde keer in de geschiedenis van de curie werd ingewijd. Tot op dat moment heette de curie, die tot het domkapittel van Trier behoorde, "von Rollingen".

De voormalige Rollingen kapelle te Trier.

De Rollingen kapelle te Trier.

Het plafond in de Rollingen kapelle te Trier.

19.5 Johann Philipp Freiherr von Rollingen, overleden vóór 05-1735. Zoon van Franz Ernst Freiherr von Rollingen en Anna Katharina Louisa
von Harff zu Drimborn (zie: 18.3). Gehuwd met
**Maria Theresia Freiin Knebel von Katzeneln-
bogen**, dochter van **Philipp Christoph Knebel
von Katzenelnbogen** en **Eva Maria Francisca
Waldpottin von Bassenheim zu Ollbrück**.

Johann Philipp was Biscchoppelijke Oberstallmeister, landrat in Brurheine en Oberamtmann te
Buchtal. Het is aannemelijk dat hij is overleden
vóór 06-05-1735. Op deze datum overleed namelijk zijn oudere broer Lothar Friedrich (zie:
19.2) en de kinderen van Johann Philipp erfden
de heerlijkheid Körich waarbij Maria Theresia
Knebel von Katzenellenbogen en haar broer als
voogden van de kinderen van Johann Philipp
optraden omdat zij nog minderjarig waren.
   De voogden accepteerden de erfenis van de
heerlijkheid Körich overigens onder voorbe-
houd. Nadat de balans van de erfenis was opgemaakt door de Mainzer regeringssecretaris Peter
Matthai en de advocaat Delahaye, die door beide
voogden deze zaak werd toevertrouwd, werd er-
kend dat de schulden enorm waren gegroeid en
dat ze gedwongen waren dit af te betalen door
Körich te verkopen. Dit gebeurde feitelijk op 04-
05-1739, toen de heerlijkheid met alle rechten
overging op de Lambert-Joseph baron de Marchant et d'Ansembourg, voor de som van 25.000
daalders. Op 07-07-1740 nam hij de heerlijkheid

daadwerkelijk in bezit. In 1738 had Lambert-Joseph reeds het Fockengut in bezit gekregen, voortaan zou Körich bestaan uit één verenigde heerlijkheid. Op 01-10-1749 zou Lambert-Joseph door keizerin Maria Theresia van Oostenrijk verheven worden tot Reichgraf, hierop zou de huidige naam van het Grewen-kasteel, oftewel gravenkasteel, zijn terug te voeren.

Na het overlijden van Johann Philipp werd Theresia benoemd tot Hochstiftlichen Oberstallmeisterin van het Hochstift Speyer. Zij schonk aan het stift een rijk met diamanten versierde borstbeeld van de koning van Frankrijk.

We weten dat in ieder geval één dochter van Johann Philipp tot haar huwelijk Stiftsdame was te Metelen. Het is aannemelijk dat ook de andere dochters toetraden tot een adellijk stift. Hoeveel dochters Johann Phillip heeft gekregen is niet geheel duidelijk, mogelijk vier of vijf. Dat hij alleen dochters heeft gekregen is wel duidelijk, zijn oudere broer Lothar Friedrich wordt namelijk omschreven als de laatste mannelijke telg van zijn geslacht. In Die Hoheit Des Teutschen Reichs-Adels van Damian Hartard von Hattstein uit 1751 worden vijf dochters vermeld. In het supplementum van datzelfde boek worden echter vier dochter vermeld waarvan twee met iets andere namen, namelijk: Maria Sophia Johanna, Antonetta Eleonora Josepha, Maria Theresia Francisca Sophia en Eva Philippina Antonia.

De laatste afstammelingen van de familie Rollingen hadden zich gevestigd buiten Luxemburg.

Zij waren echter nog steeds gehecht aan hun voormalige prachtige landgoederen in het Eischtal. Theresia voerde voor haar kinderen de nodige processen om in ieder geval een deel van de heerlijke rechten terug te krijgen. Zo zette zij tot 1752 een proces tegen Johann Friedrich Freiherr von Schaesberg voort wat Lothar Friedrich reeds in 1716 was begonnen om een deel van Wildenburg terug te kunnen brengen binnen de familie. Johann Ernst Freiherr von Rollingen (zie: 19.1) had dit volgens hen in strijd met het leenrecht in 1707 aan hem verkocht. Zij werden echter niet in het gelijk gesteld.

Vooral het verlies van Septfontaines, waar de Rollingen drie eeuwen hadden geregeerd had veel pijn gedaan. In 1743 claimde Theresia namens haar dochters nog steeds het Rollingerdeel van Septfontaines. Maar Lambert Joseph de Marchant et d'Ansembourg, destijds de eigenaar van dit deel, overhandigde haar een document waarin Lothar Friedrich afstand had gedaan van het genoemde deel. Maria Theresa trok de authenticiteit van het document in twijfel en spande een proces aan wat vijf jaar duurde. Het resultaat hiervan was dat Lambert Joseph in het bezit bleef van het Rollingerdeel van Septfontaines. Andere delen van Septfontaines die ooit in bezit waren van de familie von Rollingen waren via erfenissen reeds lang tijd overgegaan op de familie von Pallandt. Zo kwam er een definitief einde aan de heerschappij van de Rollingen in het hertogdom Luxemburg.

Uit dit huwelijk:

1. **Francisca Charlotta von Rollingen**;
2. **Maria Sophia Johanna von Rollingen zu Ausenburg**, tot haar huwelijk Stiftsdame te Metelen. Gehuwd op 14-02-1738 met **Franz Hermann Ludwig Freiherr von Kerckerinck zu Stapel** uit een geslacht van Erbmänner (Stadtadel of patriciaat van de stad Münster), geboren op 17-01-1713 te Havixbeck, overleden in 1778. Zoon van **Johann Ludwig von Kerckerinck zu Stapel** en **Maria Sophia Wilhelmina von Hörde zu Eringerfeld**. In 1734 kwam Franz Hermann via pauselijke goedkeuring in bezit van een Dompräbende in Hildesheim. Drie jaar later deed hij hier echter afstand van en huwde Maria Sophia Johanna uit Ausenburg. Op 12-01-1740 werd hij toegelaten tot de ridderschap van Münster en nam deel aan de Landtag. Hij was met name betrokken bij de regulering van het belastingstelsel en vanaf 1447 ook als bemiddelaar met het bisdom Münster. Samen kregen zij drie kinderen;
3. **Antonetta Eleonora Josepha von Rollingen.** Gehuwd in 1736 met **Johann Maximilian Sigmund Leopold Ignaz Augustin Graf von Küenburg auf Küenegg**, geboren in november 1695. Zoon van **Johann Christoph Miximilian Freiherr (vanaf 1665 Reichsgraf) von Küenburg auf Küenegg** en **Maria**

Theresia Gräfin von Küenburg. Samen kregen zij 1 dochter;

4. **Maria Louisa Henrietta von Rollingen**;
5. **Elisabetha Augusta Charlotta von Rollingen**.

Familiewapen van het geslacht Knebel von Katzenelnbogen.

De Stiftskirche te Metelen.

Het familiewapen van het geslacht
Kerckerinck zu Stapel.

117

Het familiewapen van het geslacht
von Hoerde.

Familiewapen van het geslacht
von Küenburg auf Küenegg.

Geraadpleegde bronnen

Adelsarchiv Knebel von Katzenelnbogen (Jacoba Stoltenberg-Rössler), Archiv, Schloss Neuweier, Baden-Bade, 2022.

Armorial du pays de Luxembourg, Dr. Jean-Claude Loutsch, landeskundlichen Vierteljahresblätter, 1974.

Bildnis des Henricus Hartardus, Universitätsbibliothek Leipzig, Porträtstichsammlung, 2011.

Courcelles chaussy Láoriginale histoire d'un village du haut-chemin, Roger mazauric, 1974.

Das Ministerialen-, Ritterund Grafengeschlecht von Daun, Bezug zum Kreis Cochem-Zell, Markus Friderichs, Heimat Jahrbuch, Zell-Barl, 2010.

De connectie tussen Willem Alexander en Arnold van Stein, Jos Drubers, Stichting erfgoed Stein, 2022.

Der Dom zu Speyer, Philipp Weindel, Wirtz, 1990.

Die Hoheit Des Teutschen Reichs-Adels Wordurch Derselbe zu Chur- und Fürstlichen Dignitäten erhoben wird: Das ist: vollständige Probe der Ahnen unverfälschter adliger Famillen, ohne welche keiner Auff Ertz-, Dhomb-, hoher Orden- und Ritter-Stiffter gelangen kan oder angenommen wird, Damian Hartard von Hattstein, Köß, 1740.

Die Pfarrkirche von Simmern, A. Langini, Die Warte, 11-12-1997.

Das Bistum Speyer und seine Geschichte, Band 3: Von der Reformationszeit bis zum Ende des alten Bistums, Hans Ammerich, Kehl am Rhein, 1999.

Das Ende der Rollinger Herrschaft im Eischtal, Tageblatt, 09-09-1943.

Der Prozess wegen der Doppelherrschaft Körich, Dem Luxemburger Wort, 08-10-1943.

Die Familie von Rollingen: Ihre Bedeutung für die Geschichte des Hauses Simmern und Ansemburg, Tageblatt, 07-08-1943.

Die Geschichte der Herrschaft Wildenburg in der Eifel. Manfred Konrads, Handprese Weilerswist, Euskirchen, 2001.

Die ländlichen Wohnsitze, Schlösser und Residenzen der ritterschaftlichen Grundbesitzer in der preußischen Monarchie nebst den Königlichen Familien-, Haus-Fideicommiss- und Schatull-Gütern in naturgetreuen, künstlerisch ausgeführten, farbigen Darstellungen nebst begleitendem Text, Alexander Duncker, Verlag Alexander Duncker, 1857-1883.

Domkapitularische Höfe, Häuser, Hausplätze und Gärten in Speyer, im 18. Jahrhundert. Fritz Klotz, Schriften des Diözesan-Archivs Speyer. Band 14, 1991.

Eintrag zu Ehemalige Kurie Rollingen – Kurienhaupthaus (mit Erwähnung des Domherrn von Rollingen), Datenbank der Kulturgüter in der Region Trier, 01-03-2016.

Europäische Stammtafeln. Band VI. Familien des alten Lotharingien I, Detlev Schwenicke, 1978.

Europäische Stammtafeln. Band VII. Familien des alten Lotharingien II, Detlev Schwenicke, 1979.

Europaische Stammtafeln, Band I/2. Przemysliden, Askanier, Herzoge von Lothringen, die Häuser Hessen, Wüttemberg und Zähringen, Detlev Schwennicke, 1999.

Europaische Stammtafeln, Band XVIII. Zwischen Maas und Rhein 1, Detlev Schwennicke, 1998.

Europaische Stammtafeln, Band XXVI. Zwischen Maas und Rhein 2, Detlev Schwennicke, 2009.

Fehde der Stadt Speyer mit weiland dem Herrn Heinrich Hartard von Rollingen, gewesener Fürstbischof zu Speyer im Jahre 1716, Johann Michael König, Speyer, Rohr in Kaiserslautern für den Verfasser, 1830.

Freiherr Heinrich Hartard von Rollingen weiland
Fürstbischof zu Speier: eine biographische Skizze,
Johann Engling, Luxemburg, 1865.

Geschichte der Bischöfe zu Speyer: band 2, Franz
Xaver Remling, Mainz, 1854.

Geschichte der Kölnischen, Jülichschen und Bergischen
Geschlechter, Anton Fahne, J.M.Heberle, 1848.

Geschichtliche Landeskunde, Bände 7–8, Institut für
Geschichtliche Landeskunde, Mainz, 1972.

Geschlechts Beschreibung derer Familien von Schilling,
Carl Friedrich Schilling von Canstatt, 1807.

Handbuch des Rheinischen Particular-Rechts, Band 3,
Wilhelm von der Nahmer, Frankfurt am Main, 1832.

Heel hun Leven, J.C. de Valk, 1979.

Histoire du comté de Créhange, in: Jahr-Buch der
Gesellschaft für lothringische Geschichte und
Altertumskunde, Dritter Jahrgang, Victor Chatelain, G.
Scriba, Metz, 1891.

Histoire du comté de Créhange, in: Jahr-Buch der
Gesellschaft für lothringische Geschichte und
Altertumskunde, Vierter Jahrgang (Zweite Hälfte),
Victor Chatelain G. Scriba, Metz, 1892.

Histoire du comté de Créhange, in: Jahr-Buch der Gesellschaft für lothringische Geschichte und Altertumskunde, Fünfter Jahrgang (Erste Hälfte), Victor Chatelain, G. Scriba, Metz 1893.

Inventar des Archivs von Schloss Eicks Bearbeitet von Engelhart Freiherr von Weichs, 2022.

Inventare nicht Staatlicher Archive Köln 1985, Rheinland-Verlog GMBH, Köln, 1985.

Kasteel daelenbroeck te Herkenbosch, R.J.W.M. Gruben, 1991.

Kirchengeschichte der Pfalz Band 4, Ludwig Stamer, Speyer, 1959.

Landadel in Münster 1600–1760, Marcus Weidner, Aschendorff Verlag, Münster, 2000.

Lexikon Pfälzer Persönlichkeiten, Viktor Carl, Hennig, Edenkoben, 2004.

Mainzer Zeitzeugen aus Stein. Baustile erzählen 1000 Jahre Geschichte, Rolf Dörrlamm, Susanne Feick, Hartmut Fischer, Hans Kersting. Verlag Hermann Schmidt, Mainz, 2001.

Reiss & Sohn, Buch- und Kunstantiquariat, aanbod op website, 2022.

Relation über die erbärmliche Einäscherung und
Verwüstung der Freyen Reichsstadt Speyer, Heinrich
Hartard von Rollingren, 1689.

Rond de Toren, H. Beurskens en P. Derks, 1990.

Heel en Panheel in historisch perspectief, J.C. de Valk,
1971.

Saarwellingen im Mittelalter, Klaus Meyer,
Saarwellingen, 2009.

Siebmachers Wappenbücher: Die Wappen des Adels in
Baden. Elsass-Lothringen und Luxemburg, Bauer und
Raspe, 1974.

Siebmachers Wappenbücher wie angegeben
Otto Gruber: Wappen des mittelrheinisch-
moselländischen Adels, Trier, 1962-1965, incl.
Nachtrag, Trier 1967.

Stammtafeln westdeutscher Adels-Geschlechter im
Mittelalter, Band 2, Walther Möller, Historischen
Vereins für Hessen, Darmstadt, 1933.

Stammtafeln westdeutscher Adels-Geschlechter im
Mittelalter, Band 3, Walther Möller, Historischen
Vereins für Hessen, Darmstadt, 1933.

Supplementa Zu der Durchl. Welt, und denen
Genealogien der Durchl. Hohen Häuser in Europa,
Hamburg, 1716.

Titles of European hereditary rulers, Dagstuhl, 10-08-2022.

Untersuchungen über die zwei Burgen von Koerich, Robert Krantz en Norbert Quintus, 1985.

Veröffentlichung der Innenaufnahmen mit freundlicher Erlaubnis von der Kath. Kirchenstiftung St. Peter und Alexander, 23-01-2007.

Wappenbuch des Westfälischen Adels, mit Zeichnungen von Professor Ad. M. Hildebrandt, Band I, Görlitz, 1901-1903.

Geraadpleegde websites:

https://books.google.nl/books?id=4jWCjgEACAAJ&printsec=front
cover&source=gbs_atb&redir_esc=y#v=onepage&q&f=false

http://www.ksf.lu/index.php/de/greiweschlass/archive/nationalbibli
othek/88-die-familie-von-rollingen?showall=1

https://www.ksf.lu/index.php/de/greiweschlass/

http://www.ksf.lu/index.php/de/greiweschlass/die-burgherren

https://www.deutsche-digitale-
bibliothek.de/item/72AI4YXEKHPRLMZ477XXFUZRDYL4CDZ
3

https://books.google.nl/books?id=gDoVAAAAQAAJ&printsec=fr
ontcover&hl=nl&source=gbs_ge_summary_r&cad=0#v=onepage
&q&f=false

https://www.kuenker.de/de/archiv/stueck/168863

https://kulturdb.de/einobjekt.php?id=11097

https://www.catholic-hierarchy.org/bishop/brolli.html

http://www.saarland-
biografien.de/frontend/php/ergebnis_detail.php?id=2328
http://www.saarland-
biografien.de/frontend/php/ergebnis_detail.php?id=1113

http://www.heimat-pfalz.de/index.php/lokalgeschichte/762-die-
katastrophe-des-pfaelzischen-erbfolgekriegs.html

https://www.heimatjahrbuch-
vulkaneifel.de/VT/hjb2010/hjb2010.123.htm

http://www.welt-der-wappen.de/Heraldik/Galerien/galerie378.htm

http://www.welt-der-wappen.de/Heraldik/Galerien2/galerie1367.htm

http://www.septfontaines.lu/accueil

http://www.septfontaines.lu/la-commune-se-presente/decouvrir-la-commune/septfontaines

http://www.ssmn.public.lu/patrimoine/religieux/eglises/region_centre/septfontaines/index.html

https://www.reiss-sohn.de/en/lots/9454-A193-17/

http://www.stiftsbasilika.de/

http://www.stiftsbasilika.de/basilika/

http://www.stiftsbasilika.de/basilika/kirchenraum
http://www.st-martin-aschaffenburg.de/index.html

https://www.inschriften.net/worms/inschrift/nr/di029-0674.html?tx_hisodat_sources%5Baction%5D=show&tx_hisodat_sources%5Bcontroller%5D=Sources&cHash=5e49673a2fc47a5360c313cfc84bb15c

https://eluxemburgensia.lu/

https://de.wikipedia.org/wiki/Rollingen_(Adelsgeschlecht)

https://de.wikipedia.org/wiki/Heinrich_Hartard_von_Rollingen

https://de.wikipedia.org/wiki/Karl_Wolfgang_Heinrich_von_Rollingen

https://nl.frwiki.wiki/wiki/Famille_de_Raville

https://de.wikipedia.org/wiki/Wildenberg_(Adelsgeschlecht)

https://de.wikipedia.org/wiki/Varsberg#Freiherren_von_Warsberg

https://de.wikipedia.org/wiki/Alexander_von_Warsberg

https://nl.wikipedia.org/wiki/Ch%C3%A2teau_d%27Urville

https://de.wikipedia.org/wiki/Franz_Hermann_von_Kerckerinck_zu_Stapel

https://fr.wikipedia.org/wiki/Maison_de_Berghes-Saint-Winock

https://de.wikipedia.org/wiki/Kerckerinck

https://de.wikipedia.org/wiki/Kuenburg

https://de.wikipedia.org/wiki/Gymnich_(Adelsgeschlecht)

https://de.wikipedia.org/wiki/Liste_der_Baudenkmäler_in_Aschaffenburg

https://de.wikipedia.org/wiki/Knebel_von_Katzenelnbogen

https://de.wikipedia.org/wiki/Hoerde_(Adelsgeschlecht)

https://de.wikipedia.org/wiki/Metternich_(Adelsgeschlecht)

https://nl.wikipedia.org/wiki/Metelen

https://de.wikipedia.org/wiki/Burg_Ansemburg

https://commons.wikimedia.org/wiki/File:Johann_VI_von_Rollingen_ST_Martin_Simmern_Luxemburg.JPG

https://de.wikipedia.org/wiki/Hoensbroech

https://www.wikiwand.com/de/Varsberg

https://wiki.genealogy.net/Beitr%C3%A4ge_zur_Genealogie_der_adligen_Geschlechter_2_(Strange)/051

https://www.genealogieonline.nl/genealogie-spaan/

129

https://www.genealogieonline.nl/genealogie-richard-remme/

https://www.genealogieonline.nl/west-europese-adel/

https://www.geni.com/people/Johann-Franz-von-Rollingen-Herr-zu-Dagstuhl-Dalenbroich-K%C3%B6rich-Rollingen/6000000113554017848

https://www.geni.com/people/Peter-Ernst-von-Rollingen-Herr-zu-Ansembourg-Dalenbroich-K%C3%B6rich-Rollingen/6000000113554065821

https://www.geneal-forum.com/tng/getperson.php?personID=I3573&tree=RolandSchober

https://our-royal-titled-noble-and-commoner-ancestors.com/